講談社文庫

三流の維新　一流の江戸

～明治は「徳川近代」の模倣に過ぎない～

原田伊織

講談社

三流の維新　一流の江戸
～明治は「徳川近代」の模倣に過ぎない～　目次

はじめに　～埋め去られた「江戸」を掘り起こす～

新撰組二番組長永倉新八（ながくらしんぱち）は、言うまでもなく江戸時代に生まれた人間である。正確には、天保十（１８３９）年に江戸で生まれている。池田屋事変、鳥羽伏見の戦いなどの修羅場をくぐって生き延びた永倉が病没したのは、大正四（１９１５）年であった。

身内のことで恐縮だが、大正四年とは私の父の生まれた年である。父が永倉の生まれ代わりであるなどといいたい訳ではない。永倉は七十七歳まで生きたことになるが、特別といえるほどの長生きではなかった。

つまり、江戸時代末期ではあるが天保年間に生まれた永倉が、ほぼ平均的な天寿を全うして父の生まれた大正四年に他界したということなのだ。江戸時代と私の父との時間距離は、せいぜいそんなものであったのだ。

上総請西藩（かずさじょうざい）林家の当主林忠崇（ただたか）は、ペリー来航の五年前、嘉永元（１８４８）年に生まれ、譜代としての筋を通して薩長軍に徹底抗戦し、昭和十六（１９４１）年、満九十二歳で没した。昭和十六年といえば大東亜戦争（太平洋戦争）が勃発した年であり、私の生まれる僅か五年前である。江戸時代と私との時間距離も、せいぜいそんなものであるといえるのだ。

　私の父の生まれた頃、江戸時代生まれの人口は、約五パーセントであった。私の生まれた頃には、それが〇・五パーセントになっていた。言うまでもないが、平成になって生きていた江戸人は一人もいない。

　司馬遼太郎氏は、明治は江戸の遺産で成り立っていたという趣旨のことをいろいろな書き物で述べているが、これに異議を差し挟む余地はない。仕組み、人材、蓄積されたノウハウ等々、どの面からみても明治という時代は江戸の遺産を食い潰して生きていたといっていいだろう。

　司馬氏は、高橋是清（これきよ）の暗殺死を以て明治国家は終わったとか、昭和四十四年を以て江戸の遺産は尽きたなどと述べることもあり、この種の言い方については一定していないが、それを無視しても、明治維新絶対主義者の司馬氏をしてこういう分析をさせた江戸という時代の歴史に占める「存在力」の大きさに、改めて複雑な愛惜（あいせき）とも言うべき感情を抱かざるを得ないのだ。

そういう江戸という時代は、明治近代政権によって全否定された。歴史から抹殺されたといっても過言ではない位置づけをされて、今日に至っているのである。その存在力の大きさ故に、新政権の正統性を示すためだけに土中深く埋められたといってもいいだろう。

しかし、今、世界がこの「江戸」という時代とその様式、価値観に何かを求めて熱い視線を注いでいる。国内でも、リーマンショックで覚醒させられたかのようなこの十年ほど、無意識であろうが「江戸」へ回帰する「時代の気分」が、特に「江戸」が何たるかを全く知らないであろう若年層を中心に充満している。

私は、一連の著作において、史実に忠実に従えば、明治維新とは民族としての過ちではなかったかと問いかけてきた。これは、一度国家を壊しながらも今もなお政権を維持している「長州型政権」に対する問いかけでもある。

もし、明治維新が過ちであったとすれば、その最大の過ちの一つが直前の時代である江戸を全否定したことである。或いは、少なくとも江戸を全否定したことだけは、明白な過ちであったといえるのではないか。

「西南の役」直後の明治十二（1879）年に生を受け、昭和維新という「武の機運」が沸騰しつつあった昭和十年代を体験していた永井荷風（ながいかふう）は、江戸の残り香を求めて日夜東京をまさに徘徊した。彼に安息を与えたものが、江戸の忘れ物のような玉ノ井の私娼窟であったことはよく知られている。

夏目漱石が、槌音高く近代都市へ変貌しようとする東京の〝土建屋的喧噪〟に神経を病むほどの嫌悪を抱いたこともまた、その作品を通してよく知られるところである。

彼らの心情を懐旧の情と受け留めるか、惜春の想いと理解するかは別にして、私にも同種の心情の軸ができ上がっている。但し、私の場合は、「武」によって、いや、〝究極の暴力〟によって江戸を抹殺し、それを土深く埋めてしまって、あたかもそれが存在しなかったかのように振舞った明治近代政権に対する憤りである。

明治近代政権が何と言おうと、脈々とその政権の意思を受け継ぐ者が何と教えようと、江戸は確かに存在したのである。それも、政権がいうような姿ではなく、全く違った独自の姿かたちで存在したのだ。

決定的なことは、明治の近代化とは江戸末期に出現していた「徳川近代」という時代の近代化構想や施策の模倣であったということである。「日本の夜明け」などといってきた明治の近代化とは、「徳川近代」において企画、構想され、一部は既に実施され、実現していたことの模倣であり、後を引き継いだものなのだ。

文明開化の大合唱とともに明治人が尊崇した西欧システムが明らかに破綻しつつある今、土中から芽吹いてきたものがある。そして、「近代」という価値を誇り、文明開化を売りつけた西欧社会そのものが、芽吹いてきたものに「近代」以上の価値を見出し、それを「よすが」としてこれから先を生きようとしているように見受けられるのだ。その芽の根が「江戸」という、これまでの意味の「近代」とは異質の価値であることは疑うべくもないのである。

是非はともかく、また目的は別にして、社会を変えようとする時、既成のもの＝エスタブリッシュメントを倒すことは当然であり、必然であるといってもいい。

本書は、その是非を問うことをメインテーマとするものではなく、埋められたままの江戸を、一流の値打ちをもった江戸を一度掘り返してみて、引き継ぐべきＤＮＡを解き明かしてみようと試みるものである。

しかし、江戸は多様であり、多彩である。この拙(つたな)い一篇の書き物で解き明かせるような貧弱な仕組みで成り立っていたものではない。そのことを理解しながら、その一端でも掘り起こすことができれば、私たちが子供たちの時代の「無事」のために何を為すべきかのヒントが得られるものと信じたい。そして、世の諸賢が〝寄ってたかって〟全容を解明すれば、江戸は確かに未来構築の一つの指針になるであろうことを、私自身が固く信じているのである。

本書は学術書ではない。例によって、参考引用文献・資料は巻末に一覧し、本書を手に取ってくださった方々の読み易さを優先して本文中に提示することを可能な限り避けた。大意を読解していただくことによって、江戸のエキスを汲み取っていただければ幸いである。

令和元年　五色月

井の頭池にて　原田伊織

序章　世界のクロサワを生んだ『羅生門』の雨

いよいよ二度目の東京オリンピック開催がカウントダウンに入ったが、その招致が決定したＩＯＣ総会のプレゼンテーションにおいて、滝川クリステルが発した、

「お・も・て・な・し」

という和の匂いが強く漂う日本語が、一躍流行語となったことは記憶に新しい。既にこの言葉は、世界語となっている。

かつて、「浮かれ騒いだ八十年代（ＲＯＬＬＩＮＧ　ＥＩＧＨＴＹ）」というフレーズがあった。九十年代に入って、老いも若きも狂乱していた八十年代を悔恨とともに振り返って欧米人が使った、いってみれば〝反省〟の言葉である。

日本でも、八十年代という時代は「バブル時代」と呼ばれ、日経平均株価は三万円を突破し、若者を中心に人びとは文字通り狂喜乱舞していた。四月に証券会社に入社してきた新卒社会人の女の子が、三ヵ月後の夏のボーナスで手取り五十万円を手にするという、バカバカしいとしか言い様のない時代、夜の街には「ジュリアナ東京」帰りかと思うような「イケイケねえちゃん」が溢れ、そういう若者に迎合するおっさんたちを含めて人びとは地道に努力するということを放棄して、呆けた毎日を送ってい

たのである。彼らは、バブルがはじけた九十年代に入って、欧米人のようにバカ騒ぎをしていた時代を振り返って反省とともに軌道修正を図ったかといえば、そういう自省の心をもち合わせず、「失われた十年」などといってただ不運を嘆くだけで歳を重ねたのである。

九十年代初頭、あるテレビ系列東京キー局の依頼で、私はバブルのピークはいつであったかという検証作業を行ったことがある。私の出した結論は、昭和六十二（1987）年であった。これを基準にすると、その年社会人になった若者は、現在五十四歳ということになり、三十歳であったその先輩は今六十二歳になっているはずである。即ち、あの時代に青春時代の最盛期であった若者を「バブル世代」と呼ぶならば、彼らは現在の五十代にほぼ合致するのである。

この事実だけで、今の社会が抱く深刻な課題について何かに気づく読者も多いことであろうが、ここではそのような世代論がテーマではない。そして、乱痴気騒ぎをしていたのは一部の者たちであり、世代全体が色濃くその時代の気分の影響を受けることは否定し難いものの、あの時代にも必死に家計を支える若い努力家もいれば、学資を親に頼れない苦学生もいたことは当然である。いつの時代も、世代論とは一般論であり、最大分布を表現するだけのものに過ぎないのだ。

それにしても、ふと思うことは、もしあのバブル期に東京オリンピック招致を思い立ち、同じプレゼンテーションを行っていたらどういう結果になっていたかという、夢想とも言うべき仮の思いである。あの時代にこの度のような内容のプレゼンテーションは、間違っても行っていないであろうが、もしそのまま同じプレゼンテーションを展開していれば、という仮の話である。

結論は明白である。招致は失敗していたであろう。この場合、招致に必要な裏金のことなど他の条件は除外する。

「おもてなし」プレゼンテーションは、時代の気分をそのまま反映して現出したものである。そして、時代の気分とは突如表われるものではなく、地面からじわじわと水がにじみ出てきて、それが蒸発し、ゆっくり時間をかけて社会全体を覆っていくようなものであると感じている。

「おもてなし」が登場した背景の一つとして思い至る、同種の日本語がある。それは、「おもてなし」以前に世界に知られた「もったいない」である。

「おもてなし」より遥かに色濃い和の精神に富み、微妙に英訳し難い「もったいない」という言葉を世界語にしたのは、平成十六（２００４）年度のノーベル平和賞受賞者故ワンガリ・マータイ女史であった。ケニア人である彼女のノーベル平和賞受賞は、アフリカ人女性としては初めてのことであった。

彼女が、「もったいない」という日本語に出会ったのは、平成十七（２００５）年、京都議定書関連行事のために来日した時だとされている。この言葉のもつ奥深い意味に感銘を受けた彼女は、国連女性の地位委員会において出席者にこの言葉を唱和させ、「ＭＯＴＴＡＩＮＡＩ」キャンペーンを展開した。当の日本人が、殆ど使わなくなっていたこの言葉は、ケニア人女性によって一躍脚光を浴び、一部の日本人の間でも蘇ったのである。

注目すべきことは、彼女のノーベル平和賞の受賞理由に、「民主主義と平和への貢献」という平和賞の常套理由とともに、いや、それ以上に「持続可能な開発への貢献」が明白に指摘されたことである。これ以降、世界中で「持続可能社会」への取り組みが時代のテーマとなっていくのだが、我が国でも「ＬＯＨＡＳ」という言葉が流行ったことは記憶に新しい。ただ、平成日本では、こういう言葉すら商標登録してひと儲けを企む企業が直ぐ現れるのである（さすがに、今は自由化されている）。

同じように流行った、エコやスローライフ、癒し、それ以前の有機栽培などという言葉は、すべて「もったいない」の系譜に連なるものだと理解していいであろう。

今更言うまでもないが、「ＬＯＨＡＳ」のＬはライフスタイル、Ｈは健康、そして、SはSustainability（持続可能）を表わす。つまり、この言葉、或いはムーブメントは、現代の人類が「近代工業社会」＝「規格大量生産社会」で慣れ親しんだ今の生活スタイルを続けるならば、人類社会＝地球は持続が不可能になるという前提に立っているのだ。

即ち、これは、浮かれ騒いでいた八十年代に既に英米で芽生えていた「パラダイムシフト」論と同じ地下水脈から湧き出たものなのだ。

パラダイムとは、簡略にいえば「ある時代の人びとに共通して支持される基本的な価値観」のことをいう。既に、このパラダイムが世界規模で大きく転換しつつあるのだ。これを「パラダイムシフト」という。我が国においても、社会の基本的な価値観が大転換している最中（さなか）なのである。

このパラダイムシフトといわれる変化は、あたかも季節が移ろいでいくようにゆったりと進行していく。しかし、やはり季節がそうであるように、気がついた時には、「世の中はガラッと変わってしまったね」ということになるのだ。恐らく、あと十年もすれば、パラダイムシフトは更に進行しており、それを背景にして「正義」の基準にすら変化が生じているであろうし、学校で習う歴史教科書は完全に書き換えられているであろう。当然、歴史教科書マーケットで現在トップシェアを誇るY社の優位は、文部科学省がどうあれ同社自身が歴史観を修正しない限り完全に消滅している。

パラダイムだ、基本的な価値観だといっても、それは抽象的で分かり難いものだ。そこで私は、「時代の気分」という言葉を使って、街にも現れるさまざまな現象に着目するよう、常にスタッフにも説いている。

例えば、京の町家が人気となり、おばんざい料理が若い女性にもてはやされるようになったのは、ここ十〜十五年くらいのことであろうか。東京では、おじさんの町新橋に若い女性が急増し、赤いバンドを手首に巻いたおじさんと若い女性の飲み仲間サークルまで現れた。そもそも路地裏の立ち飲み一杯飲み屋は、今や若年女性にとって普通の飲み処となっている。また、女性の花火職人、女性杜氏、或いは女性の建築現場スタッフが何故受け入れられるのか。

モノについても、同じような現象が起きている。

例えば、既に「ロウソク」や「ふろしき」が復活している。死滅したと思われていた「手ぬぐい」も復活した。カッコいい財布として「巾着」を愛用する若者が現れた。そして、「ふんどし」を締める若者すら登場しているのである。

「ふろしき」「手ぬぐい」「巾着」「ふんどし」――これらの極めて〝日本的なるも

の〟は、私が二十代の頃には入手することすら不可能に近かった。それらは、明治という「日本文化破壊時代」、大正という「西欧文化普及時代」を経て、戦後という「左翼全盛時代」をくぐり抜け、どこかで秘かに生き続けてきたのであろうが、高度成長期という一見華々しい時代に社会人となった一人の田舎から出てきた若者には、入手方法すら分からなかったのである。

京都に、若い女性なら誰でも知っているといっても過言ではない弁当箱の専門店がある。売っているのは殆ど弁当箱だけであるが、実に多種多様な弁当箱を揃えており、この店を目当てに他府県から京都へやってくる女性も多いという。

京都で弁当箱と聞けば、「今どきの流行り」として理解し易い現象といえるだろう。きっと弁当箱や和風小物などを扱う伝統の店が、今風のファッションセンスを採り入れ、おしゃれな弁当箱を売り出して当たったのであろうと想像するのが普通ではなかろうか。

ところが、この店は開店してまだ十年も経っておらず、オーナーはフランス人なのだ。既に、パリに支店をオープンしたらしい。

聞けば、近年、弁当箱だけでなく弁当そのものが欧米で人気となっており、それは単なるブームではなく、一部の人びとの日常生活に定着しているというのである。弁当は、そのまま「BENTO」と呼ばれ、これももはや世界語となっているのだ。そういえば、「TOFU」(豆腐)もフランスをはじめ幾つかの国では既に辞書に載っているようだ。

このような現象も、紛れもなく「時代の気分」を表わすものといえるが、注意すべきことは「時代の気分」に関わる現象やモノは、単なるブームではないということである。今、欧米先進諸国を中心に起きている「クールジャパン」というムーブメント、それが跳ね返って日本国内でもみられる本格的な日本伝統文化への傾倒は、単なるブームではなく、もはや文明史論的に語られて然るべき現象なのである。

大胆にひと言でいうならば、今、世界は「江戸」に向かっているのだ。

世界史の大きな変化は、始代―古代―中世―近代という流れで説明されてきた。私どもの時代の義務教育においても、それは同じであった。

ところが、日本史はそうはいかないのだ。始代―古代―中世までは世界史と同じ流れをもっているが、中世↓近代という流れにはならなかったということだ。中世と近代の間に「近世」という時代区分を設け、中世↓近世↓近代という流れでしか説明できない、独自の流れをもっているのが日本史なのである。

今、海外の一部の学者は、世界史にも日本史と同じように「近世」という時代区分を設けるべきだと主張している。パラダイムシフト論の現時点の一つのゴールともいえよう。それは、日本史ほど顕著ではなくても、世界史においても「近世と呼んで然るべき流れ」が存在したことを発見したともいえるのだ。

この日本史独特の「近世」とは、具体的にはいつのことか。安土桃山時代から江戸時代末までの時代を指すといって差支えない。

近代工業社会と殆ど同義といってもいい近代西欧文明が明らかに行き詰まりを迎えている今、世界は俄然、日本の「近世」、即ち「江戸」に着目し始めたということである。そして、「江戸」のエキスに「次の時代」を描くヒントを見出しつつあるのだ。日本人だけでなく、世界の先進エリアの人びとにとって、「江戸」こそがクールであり、もっとも先進的な情報、知識、センスに満ちていると考えられているのである。

「世界のクロサワ」といわれる黒澤明監督の代表作の一つに『羅生門』（製作・配給大映）という作品がある。

今更ここで解説するまでもなく、敗戦からまだ日も浅い昭和二十五（1950）年に公開されたこの映画は、芥川龍之介の短編小説『羅生門』『藪の中』を下敷きとして、黒澤明、橋本忍という黒澤映画ではお馴染みのコンビが脚本を担当したもので、世界の映画史に残る名作である。日本映画として初めてヴェネツィア国際映画祭で金獅子賞、アカデミー賞名誉賞を受賞し、イタリア批評家賞、ナショナル・ボード・オブ・レビュー賞監督賞、全米映画評論委員会賞監督賞なども受賞、平成になってからも、十年ごとに発表される「映画史上最高の作品ベストテン」（イギリス）、「二十世紀の映画リスト」（アメリカ）、「史上最高の外国映画100本」（イギリス）などでランキングされることから、若い人でもよく知っている映画の一つであろう。

実は、この映画の成功の裏にも、明治維新以降、常に自国の歴史や伝統を卑下し、これを全否定することを「進歩的」「開明」などと称して西欧文化のみが評価の基準となり、時に正義の基準とまでされてきた「維新」「文明開化」の根深い病巣が認められるのだ。

当時の大映社長は「永田ラッパ」の愛称で知られた、稀代の独裁者永田雅一であるが、社内の試写で『羅生門』を観た永田は、「訳が分からん」と激怒し、企画担当者を解雇、総務部長を左遷したとまでされている。

ヴェネツィア国際映画祭から日本へ送られてきた出品招請状に対しても、国内で選ばれた『羅生門』は辞退する有様であった。

そういう環境と空気の中、映画祭の依頼を受けて日本の出品作品を探していたイタリアフィルム社長のジュリアーナ・ストラミジョーリがこの映画に出逢い、甚（いた）く感動して出品に動こうとしたが、何と当の大映がこれに反対する始末であった。

困ったストラミジョーリは、自費で英語字幕をつけて映画祭へ送ったのである。当然といえば当然かも知れないが、映画祭には大映関係者、『羅生門』関係者は誰も参加していない。そもそも監督の黒澤は、出品されたことすら知らなかったのである。

昭和二十六（1951）年九月、『羅生門』は映画祭で絶賛の嵐に包まれ、金獅子賞、即ち、グランプリを受賞、しかし、それを受け取るべき関係者は誰もいない。困った主催者は町中でベトナム人を見つけ、このベトナム人男性にトロフィーを受け取らせたというウソのような話が伝わっている。

黒澤明（提供:朝日新聞社）

日本では、永田ラッパが記者団に、

「グランプリて何や？」

と聞いて顰蹙（ひんしゅく）をかったが、すべてを教えられて豹変、一転して『羅生門』を絶賛したばかりか、まるで当初から自信をもっていたかのような態度になったことは余りにも有名なエピソードである。

世間は、

「黒澤はグランプリ、永田雅一はシランプリ」などといって嘲笑したが、当の黒澤は、まるで『羅生門』そのものだと言ったと伝わる。

確かに、黒澤には一つのことが分かっていたのだ。

それは、日本映画を一番軽蔑していたのは日本人であること、例えば、浮世絵も海外へ出るまでは日本人は芸術としては全く評価していなかったこと、つまり、日本人が「日本的なるもの」を蔑視してきた歴史である。

受賞祝賀会で黒澤は、日本映画を外国に出してくれたのが外国人であることを指摘し、浮世絵の例にも触れ、

「反省する必要はないか」

と問いかけた。

思えば、日本人のＤＮＡに「西欧崇拝」という良性とは言い難い因子を刷り込んだのは、俗に「明治維新」といわれるクーデターで政権を簒奪(さんだつ)した薩摩・長州勢力である。昨夜までは「尊皇攘夷」を激しく喚いていながら、夜が明けた途端に徹底した欧化主義に走り、卑(いや)しいまでに日本的なるものを侮蔑(ぶべつ)し、西欧を丸ごと崇拝したのだ。

それは、治世を担ってきた誇りを以て西欧列強と真正面から堂々と対峙した、直前の

「徳川近代」を支えた幕臣官僚たちと余りにも対照的な醜い姿であった。

「文明開化」の大合唱の中で、新政権の中枢を占めた薩摩・長州人は、来日したお雇い外国人に対しても、

「我々には『歴史』はありません。これから始まるのです」

と、愚かにも胸を張ったのである。この言に従えば、私たち日本人は、僅か百五十年という、それも実(まこと)に貧弱な構造でしかない歴史しかもっていないことになるのだ。

映画『羅生門』の冒頭シーンを覚えている読者は多いに違いない。

時は平安時代。戦乱と疫病で荒れ果てた都を象徴するような、朽ち果てそうなまでに荒廃した羅生門。下人(げにん)たちが雨宿りをしている。寒々しい雨が、希望のない日々を嘆くかのように降り続く。

この雨のシーンが、世界の映画ファンのみならず、プロである映画人を驚かせた。黒澤は、墨汁(ぼくじゅう)を混ぜた水を大量に用意し、ホースを使ってこれを雨として降らせたのである。

映画ファンなら気づくだろうが、この手法は後の『七人の侍』(昭和二十九・1954年製作・配給東宝)でも使われている。

世界の映画人は、雨の量や色に驚いた訳ではない。雨が降るという現象にこれだけ

リアリズムを注いだ映画は、それまで存在しなかったのである。

　そもそも「雨を描く」という発想が、西洋絵画には永く存在しなかったのだ。実は、これを試みて成功したのは、浮世絵の安藤広重（歌川広重）であった。雨を線で描いてみせたのである。ゴッホやモネ、アールヌーヴォーの芸術家たちに大きな影響を与え、大胆な構図と「ヒロシゲブルー」と呼ばれる独特の藍色で十九世紀後半のヨーロッパにジャポニスムと呼ばれるムーブメントが生まれる大きな要因となった広重という絵師は、その頃から既に日本人が考えている以上に世界的に著名な芸術家であったのだ。

　広重は、代表作『東海道五十三次』（天保四・１８３３年）において三つの宿場に雨を降らせている。『大磯・虎ケ雨』では左上から右下への斜線で、『土山・春之雨』では上から下へ真っ直ぐに、いずれも細い線で雨を表現したのである。『庄野・白雨』は風雨が強く、風を描いたともいえるだろう。

　これらの作品以上に有名な雨の作品が、『名所江戸百景』百二十枚の一つ『大はしあたけの夕立』である。ゴッホは何点かの広重画を模写しているが、ゴッホの模写としても、この「大はし」の夕立が有名である。広重の描いたやや右上から左下へ流れる線が実に細密であるのに対して、模写という前提でみてもゴッホのそれは粗くて線とは言い難い。

広重だけでなく、北斎、豊春、そして若冲など世界の芸術家に影響と驚きを与えた絵師は数多くいるが、黒澤は明らかに広重の雨に想を得ている。映画『羅生門』の冒頭シーンは、広重の雨を動画にしたといってもいいほど、雨の表現に秀でていたのである。大胆に言い切れば、江戸期の浮世絵という芸術が、名画『羅生門』の冒頭名シーンを創り、「世界のクロサワ」を生んだともいえるのだ。

私は、歴史を検証するという作業に際して常に「永い時間軸」を引く重要性を説いてきた。その時間軸の上に、史実を正直に並べてみることが初歩的に重要なのである。

拙著明治維新三部作は、この作業を行った上で、明治維新という出来事は民族としての大きな過ちではなかったかという問題提起を行ったものである。

もし、明治維新が過ちであったとすれば、そのもっとも大きな過ちは、天皇に神性を与える天皇原理主義という非日本的な思想を流布させ、浸み込ませたことと、薩摩・長州人が恥じることなく言い切った「日本には歴史はない」という言葉に象徴されるように、前時代を全否定したことであろう。

明治新政府は、旧幕臣に頼らないと統治そのものが成り立たないにも拘らず、江戸期という長期に平和を維持した時代を全否定した。

江戸期の文化、習俗等々を殆ど悪として、西欧に染まることのみを「開化」としたのである。その結果、今こそ人類にとって必要な、さまざまな伝統的な日本社会の構成要素が歴史の堆土に埋もれてしまったのである。

例えば、江戸期ほど永く平和を維持した事例は、世界史に存在しない。それは、偶々そうなったのではなく、「元和偃武」という時代のコンセプトを設定したからである。では、「元和偃武」とはどういうことであったのか。

また、「参勤交代」が諸藩の経済力を弱め、幕府統治の維持を可能にしたというが、その行列が華美にならないようにしきりに触れを出したのは幕府である。では、参勤とは諸藩にとってどういう役割を果たしたのか。

同時に、「鎖国」が政権を長らく維持させたというが、幕府は果たして国を鎖していたのか。「江戸四口」といわれる対外窓口は何故存在し、どういう機能を果たしていたのか。

その他、江戸期の流通を支えた五街道の整備、海運の主役北前船、通信網の役割をも果たした宿駅制等々、江戸期の社会システムは私たちが教えられたことと違って、驚くべき独自性をもち、世界史的にみても高度なものであった。

学術面においても、決して浮世絵と歌舞伎だけが江戸ではない。

近年、義務教育で円周率を3とする「ゆとり教育」が問題になったが、円周率を3でもいいなどといったら、砲術指導の先駆者であった韮山代官所江川塾の塾生は腰を抜かしていたであろう。当時の和算のレベルは、世界最高水準にあったことが分かっている。それは、ゆとり世代のみならず並みの現代人の及ぶところではないのだ。

そもそも識字率が、世界水準を遥かに凌駕していた。江戸期の識字率がおよそ七十五パーセントであったのに対して、世界に冠たる侵略国大英帝国のそれは二十～二十五パーセント程度であったと推定されている。

幕末の通貨交渉でみせた水野忠徳の論理展開力は、アメリカのハリス、イギリスのオールコックにコンプレックスさえ感じさせ、咸臨丸の操船を指揮したアメリカ海軍ブルック大尉は、航路計算をしていた小野友五郎の測量・天文知識のレベルの高さに驚愕した。

更に、ノブレス・オブリージュという社会的佇まいが自分たち固有のものであると信じていたヨーロッパ騎士階級は、武士道という精神文化に同じように、或いはよりシビアに同じ態度が存在することを知り、やはり驚いたのである。

これらの、ほんの一部の事例が既に、江戸期とは決して全否定されるべき時代ではないことを示している。

これを成立させた政治システム、経済システム、そして、社会制度、学術レベルを詳しくみていくと、その社会全体に決定的な一つの思想が堅持されていたことが分かるのである。

それは、江戸期の社会を根底で支配していた思想が、サスティナブル、即ち、持続可能な仕組みを尊重していたという事実である。

先に、世界は「江戸」に向かっていると、象徴的な言い方をしたが、産業革命以降の近代工業社会が、さまざまな矛盾、欠陥をあからさまにし、それによって世界の主役であった西欧文明が明らかに終焉を迎えようとしている今、世界はそれに代わる「よすが」を求めているのである。次の時代のグランドデザインを何によって描けばいいのか、その「よるべ」となるものを探し求め、それが日本の近世＝江戸であることに気づいたのだ。

江戸の解明は、一筋縄(ひとすじなわ)ではいかない。しかし、明治維新が過ちではなかったかという問題提起をした私としては、健全な解を得るために、維新によって全否定された時代＝江戸へと時間軸を延ばさざるを得ないのである。その意味では、本書は、維新三部作の更なる続編とも位置づけられるものである。

浅田次郎氏の短編小説に『柘榴坂の仇討』（中央公論新社）という作品がある。桜田門外で暗殺された大老井伊直弼の近習を務めた彦根藩士と、襲撃した水戸脱藩浪士で明治六（１８７３）年時点で唯一生き残っていて車夫となっていた男の物語で、平成二十六（２０１４）年に映画化（松竹配給）された。藩主の仇を討つべく、生き残りの水戸浪士を探し続ける、まだ羽織袴に大小を束ねた旧彦根藩士に、洋装の新政府官吏が言う。

「もう文明開化の時代だ」

これに対して、旧彦根藩士が静かに、しかし、明瞭に応じる。

「なくしてはならぬものをなくさぬのも『文明』というものではござらぬか」

世界が向かっている「江戸」には、将来世代が生き残る上でなくしてはならぬもののエキスが豊かに存在するという信念を支えに、江戸システムの解明を試みたい。

第一章　「明治維新」という過ち

1 「二度と過ちは繰り返しません」

私たちは、明治維新という出来事以降の時代、即ち、明治時代以降を「近代」と呼ぶように教育されてきた。改元が行われ、新しい時代を迎えているが、始まったばかりの新時代も、まさにその「近代」の最中(さなか)にあるのだ。

この近代という時代呼称を使う時、私たちが受けてきた教育、今も学校教育として施されている教育――これを「官軍教育」と呼ぶことについては、今やかなりの規模と広がりのコンセンサスが成立している――では、近代＝先進的という意味を色濃く含ませて教え込むのである。

言い換えれば、近代より前の時代＝前近代は「後進的」な時代として否定すべきものという教育が、今もなお施されているのだ。このことは、明治新政府が中央集権体制を採ったこともあって、日本列島の津々浦々、辺境の分校における教育にまで、見事に徹底されている。

洋の東西を問わず、古来、戦の勝者が「歴史を書く」ことは、ごくごく普通のことであった。多くの場合、勝者はその戦と戦に至ったプロセスの正当性を説くのだ。このことは、中国史においても西洋史においても何ら変わりはない。戦の勝者がそれを行うことについて、それは誤りだ、間違いだなどということに殆ど意味はないのだ。一つには、正義というものにも普遍性がないからである。

このように述べると、正義はいつの時代でも正義であろうと、意外に思い、異議を唱える読者も多いことであろう。しかし、新しいステージに入った今、私たちが正義としている価値や思想、行為は、殆どが西欧的価値観によって正義とされているに過ぎないのだ。正義の基準とは、意外に脆いもので、時にそれは揺れ動くということを知っておかなければならない。

問題は、勝者の書いた歴史は一定期間を経て一度は検証されるべきものであるという宿命とも言うべき性格をもっているということだ。人類の歴史を紐解けば、実に健全なことに、どの民族でも五十年、百年という時を経てそれを行っているのだ。ゲルマン民族がヒトラー台頭の歴史を自ら厳しく凝視直したことも、身近な一例といえるだろう。かつての中国にも、「歴史の評価は百年を経ないと定まらない」という意味の慣用的な言い方があった。

ところが、一人近代日本人のみが、これを行っていないのである。

いや、例えば、広島、長崎への原爆投下という悲劇について、

「二度と過ちは繰り返しません」

と誓っているではないかという反論があるかも知れない。

しかし、これは実に奇妙なフレーズである。私どもの世代は、幼い時からこの言葉を嫌というほど聞かされて育ち、今も八月になるとこの言葉はメディアを通じて露出頻度が高まる。少年時代の私は、これを唱える日教組の教師に激しい反撥を覚えたものである。

このフレーズにいう「過ち」とは、何のことか。原爆投下のことか。いや、だとすれば、私たち日本人が「繰り返しません」と誓うのはおかしいではないか。それを誓う必要があるとすれば、それはアメリカ合衆国国民であろう。あの二発の非人道的といわれる殺人兵器を日本人に対して使用したのは、アメリカ人である。裏でイギリス首相のチャーチルが強力にこれを主張し、推進したことは分かっているが、チャーチルに従って原爆を日本人に使用した直接の「犯罪者」はアメリカ人である。このことは、明々白々な事実であり、つい昨日のことであって「アメリカ人が原爆を投下した」という事実については、何人（なんぴと）もこれを否定することはできない。

いや、この場合の過ちとは、原爆投下を招いた戦争のことをいっているのだとする見解がある。恐らく、このフレーズの解釈としてはこれが主流であろう。

二度と他国を犯す戦争は止めようというだけなら、私も全く同意である。そもそも一部の狂人のような者と特定の偏った思想をもつ者を除いて、侵略戦争賛成などと考える者がいるはずがないではないか。

ところが、先のフレーズが「原爆投下を招いた戦争」のことをいっており、日本人として二度とそういう過ちを繰り返さないでおこうと誓っているのだとすれば、私たち日本人は原爆投下は私たち日本人にそもそもの原因があると宣言していることになる。自分たちがあの戦争を仕掛けなければ、原爆投下はなかったのだと。つまり、悪いのは私たちであったと悔いているのだ。

もし、あのフレーズの意味するところがそうだとすれば、冗談ではない。

繰り返すが、原爆を投下したのはアメリカ人である。私は、原爆投下だけではなく、東京大空襲も、大阪、名古屋、徳島、青森、富山等々、日本列島各都市への空襲も、武器も何ももたない非戦闘員を無差別に殺戮することを明白に意図して行っている点で、重大な戦時国際法違反であり、「人道に反する重大な戦争犯罪」であると認識している。つまり、ルーズベルトやトルーマンは、ヒトラーと全く同列の戦争犯罪人であるということだ。チャーチルを同列に並べるべきことも、論理的に当然である。

因みに、市民への無差別空爆によって死者を一人も出さなかった地域は、四十七都道府県で一県も存在しない。

こういうことをいうと、直ぐ私が大東亜戦争を賛美していると非難するのが戦後日本人の一般傾向であるが、それは非論理の極みと心得るべきであろう。現実に、私はこのことで「右翼反動軍国主義者」という烙印を押され、火炎瓶、硫酸瓶、塩酸瓶の

東京大空襲（米軍撮影）

標的にされてきたが、私が指摘しているのは、米軍による非戦闘員の無差別大量殺戮のことであり、そもそも大東亜戦争に走ったのは何故かという問題とは全く別に扱うべきアメリカの国家犯罪であるということなのだ。

即ち、大東亜戦争に走った原因、歴史的背景を具に検証して世界の後世に資する形で整理、引き継いでいくのは私たちの民族としての責務であり、それに対して原爆投下に代表される戦争犯罪は、独立してアメリカ人とチャーチルが戦争犯罪人として裁かれるべき問題であるということなのだ。

ここに、戦の勝者が歴史を書くということについて二つのことが混在している。そして、それは今もなお全く検証して整理されていないのである。

昭和二十（1945）年以降、日本の教育、特に歴史教育を支配してきたのはGHQ（連合国軍最高司令部総司令部）である。この問題は、それこそ今日の読者諸兄の生活、子供たちの学校生活のあり方に直結する問題であり、本書の全編をこれに費やしてもまだ事足りないことなので、ここでは簡潔に述べる。

そもそもGHQとは、日本が受諾したポツダム宣言を執行するために設置された連合国の機関である。では、無条件降伏した日本を管理する最高意思決定機関はどこか。それは「極東委員会」である。

「極東委員会」は、アメリカ、イギリス、ソビエト連邦、中華民国、カナダ、オーストラリア、ニュージーランド、フランス、オランダ、イギリス領インド、アメリカ領フィリピンの十一ヵ国で構成された。後に、ビルマ（今のミャンマー）とパキスタンが加わり、十三ヵ国となった。この時点で、インドはイギリス領、フィリピンはアメリカ領の、ともに隷属国家として参加していることを知っておく必要があるだろう。

この極東委員会とGHQの関係は、極東委員会が決定した対日占領政策を実際に遂行する機関がGHQであるという、いわば上下の関係にある。組織である以上、明確に上下が存在しなければおかしい。ところが、これは単なる「形式」であって、実際にはGHQが極東委員会に従ったことはまずない。このことは、極東委員会の顔ぶれをみるだけで理解できるだろう。

実質的に日本の占領をすべて執行したのは、GHQであった。その最高責任者がアメリカ陸軍のダグラス・マッカーサー元帥であったことは、如何に「令和」の日本とはいえ若年層でも名前ぐらいは知っているだろう。歴史という時間軸の上では、つい数日前の出来事である。

マッカーサーは、昭和二十（1945）年八月十四日に連合国軍最高司令官（SCAP）に就任し、日本の占領施策を全面的に指揮したのである。これも平時の感覚からすればおかしな話で、極東委員会の下部組織であるはずのGHQのボスは、連合国軍最高司令官であったのだ。現に、マッカーサーの前任者は誰であったかといえば、「史上最大の作戦」としてお馴染みの「ノルマンディー上陸作戦」を指揮したかのアイゼンハワーである。

結局、戦争とは「勝てば官軍」であって、どんな組織で誰に何をやらせるかといった事柄も勝者の理屈と事情で行われるものなのだ。勿論、このような米軍による日本占領下で行われた事柄も、私にとっては検証の対象であることは言うまでもない。

かくして、敗戦後の日本を統治したのは実質的に米軍であり、統治の最高権力者はマッカーサーであった。

奇妙なことに、日本人自身に日本が敗戦によって独立を失い、米軍に占領されていたという意識が殆ど存在しない。若者の中には、その事実を全く知らない者すら珍しくない。このことが、占領軍教育の成果であるといってもいいだろう。

敗戦を「終戦」などという言葉に置き換えて事実を正視せず、占領軍を「進駐軍」などといって刺激を和らげようとするなど、占領された日本側も米軍に媚びへつらったのである。

思えば、明治維新といわれるあの時には、やはり卑しいほどの欧米崇拝に狂奔し、大東亜戦争敗戦によって占領されたその後は、再びアメリカ至上主義が社会を覆い尽くすという具合で、占領下で幼少期を過ごした私などは、検証されないままの「官軍教育」と、やはり検証されたことのない占領軍教育とその派生でもある左翼教育に振り回されて、異常な教育を受けて育ったのである。

ほんの一例を挙げれば、「道」の付くものはすべて軍国主義に繋がるという乱暴な理屈で、華道、茶道まで白眼視され、学校教育では柔道、剣道、書道などはすべて禁止されたのである。他国の民族文化などに余り興味も知識ももたぬＧＨＱは、「道」

という文字はすべて「国家神道」であると誤解していたのであろう。

　また、地域と時期によって大きな差はあるものの、日の丸を堂々と掲揚できなかったことは、占領された民族としては当然であった。

　事のついでに余談として述べておくが、アメリカに占領されていた七年間に米兵に殺された日本人は、調達庁の資料を調査した高山正之氏によれば約二千五百名である。そして、米兵に強姦された日本女性は二万人強とされ、米兵が強姦している現場で日本の警察官が見張り役をしていたという事例は数多く伝えられている。

　これら米兵の犯罪や蛮行は、ＧＨＱの厳しい「検閲指針」によって、新聞やラジオは一切文字にも言葉にもできなかったのである。この「検閲指針」に違反すると、米軍の軍事裁判にかけられ、「三年乃至五年の沖縄における強制労働」を科されることになっていたのだ。勿論、違反しているかどうかを判断するのは、ＧＨＱである。

　逆にＧＨＱは、新聞やラジオに、戦時中に日本軍が如何に残虐な行為を行ったかを繰り返し報道させた。このことが、戦後日本人に拭い去れない贖罪意識を植え付け、自虐史観といわれる歴史認識を定着させたことは否定できないであろう。

　日本の敗戦直後に副総理格で無任所国務大臣となった近衛文麿は、玉音放送から十一日後に早くも「特殊慰安施設協会」を設置している。この協会は、日本各地に「慰安所」を設置した。慰安所とは、平たくいえば米兵のための〝売春宿〟である。いわば、敗戦国ではあったが「国立」の売春宿であったのだ。GHQの占領政策をアカデミックに論じることは盛んに行われてきたが、その種の論だけでは敗戦、占領下の実態は分からない。敵国に占領されるということは、こういうことなのだ。

結局、我が国の近世、近代史は、二度に渡って戦の勝者が書いたまま今もなお検証されていないということである。先ずこのことが、異常なのだ。

実は、大東亜戦争敗戦という民族の悲劇は、その基因を明治維新に求めることができるのだ。普通の態度でこの百五十年を振り返れば、両者が直線的に繋がっていることは、誰にでも分かることである。私は、既にこれまでの著作でこのことを述べているが、国粋主義者の反撥には激しいものがあり、明確に明治維新と大東亜戦争への流れを整理する作業は、これからの仕事として残されている。

尤も、明治維新とひと言でいうが、そのような名称の事件や政変は日本史上のどこにも存在しない。こういうことも、この百五十年の歴史が全く検証されていないことの一つの証左であろう。それはもはや、怠慢という域を超えており、犯罪的であるといってもいいのではないか。

このために、国家が独立を失い、異民族に占領統治されるという時代を経てもなお、官軍教育＝薩摩長州史観（薩長史観）は生き続けているのである。私たちは、薩長史観による明治維新とＧＨＱ統治という二つの大きな歴史を検証するという宿題を放置したままなのだ。

私は、『明治維新という過ち』以降の著作において、前者について、即ち、明治維新に対するこれまでの認識、理解に異議を唱え、先ずこれを検証しようとしている。それが正しくできれば、「二度と過ちは繰り返しません」というフレーズの過ちも、もう一つの未検証歴史である戦後アメリカ統治におけるアメリカと戦後日本人の過ちも、鮮明に浮かび上がらせることができるのではないだろうか。

私は、できるだけ長い時間軸を引いて歴史を観察し、考える必要性を事あるごとに強調してきた。となれば、明治維新が民族としての過ちであったということを考えるについては、その前の時代まで、即ち、江戸期までその時間軸を延ばす必要がある。

明治新政権がそのすべてを固陋（ころう）、陋習（ろうしゅう）に満ちた時代として江戸期を全否定したことこそ、天皇原理主義の創造とともに、明治維新最大の過ちなのである。

2　官軍教育の歪み

江戸時代という、現代西欧社会までもが近代の行き詰まりを打破する上で無視できない社会システムを築き上げた時代として注目し始めた時代を、何の思慮もなく全否定した明治新政権。改めて、その明治新政権成立の瞬間を、簡単に振り返っておこう。

全否定とは、そのすべてを悪として葬り去ることである。江戸時代＝日本独自の「近世」という時代は、決してそのような、急に「官」を名乗った、未熟で急拵（きゅうごしら）えの生半可な見識しかもたぬ薩摩・長州の若者たちが単純に否定できる時代ではなかった。彼ら自身が直ぐそのことに気づいたはずである。何でもそうだが、直接やろうとして初めて分かるものである。

西欧崇拝に狂奔した彼らは西欧のミニチュア模造品のような国を創ろうとしたのだが、その作業を行うことにおいてすら江戸末期＝徳川近代の遺産に頼らざるを得なかった。人材、行政ノウハウ、インフラ等々、そして、何よりも江戸期の文化水準こそが、彼らの新国家建設を支えたのである。

歴史の法則、或いは定理として、目の前に存在する政権を倒して新政権を樹立した者が前政権のすべてを否定することは、当然といえば当然、若しくはやむを得ないことかも知れない。

それにしても、明治という西欧の模造品を目指したような国家は、必要な社会構成要素の殆どを江戸期の遺産に頼った。明治維新至上主義者で知られる司馬遼太郎氏でさえ、明治という時代が江戸の遺産で成り立っていたことを、幾つもの書き物で、また講演で明言している。そして、徳川近代を代表する英傑と評してもいい幕臣小栗上野介忠順を「明治の父」とまで称している。

このことに関連して余談を付け加えれば、明治三十八（1905）年五月、日本海海戦でロシア・バルチック艦隊を文字通り殲滅した聯合艦隊司令長官東郷平八郎（薩摩）は、戦後、小栗上野介の遺族を私邸に招き、謝意を伝えている。言うまでもなく、小栗が横須賀に建造した造船所がなければ日本海海戦の勝利はなかったという意味の謝意である。これは、幕末の動乱から三十年以上経っていたからこその逸話であろうが、薩長討幕勢力が特に怖れた小栗の先見性を図らずも示すことになった。

横須賀造船所の事例だけを以て徳川近代の近代性を述べるのは適切ではなく、株式法人組織の導入、廃藩置県構想、鉄道網整備構想、海軍の創設、国民軍の創設、郵便制度の創設等々、徳川近代を支えた幕臣官僚たちの描いた青写真や既にスタートを切っていた事業は、そのまま明治新政府への〝お土産〟となったのである。

では、「人間は自然の一部に過ぎない」という独特の自然観をベースにしたオリジナリティのある社会システムと価値観を大事にしていた江戸政権を倒し、それを全否定した明治新政権とは、実際のところどうやって成立したのか。

このことについて、私たちは実に単純明快な歴史教育を受け、今もなおその教育内容は新政権が成立した約百五十年前に設定された路線から全く外れていない。今、それは「官軍教育」と呼ばれ、「薩長史観」とも呼ばれるその歴史観については、ようやくごく一部に見直しの機運が高まってきたものの、一世紀半にも亘って教え込まれたことは簡単には否定されないものである。

では、「官軍教育」のポイントはどの点にあるのか。

唯一最大といってもいいそのポイントは、「薩摩長州を中心とした下級武士たちの手による革命的な、封建的徳川体制の打倒によって、我が国は西欧列強による植民地化を防ぎ、近代国家建設の幕を開けた」ということであろう。

討幕勢力が欧米列強による植民地化を防ぎ、近代日本のすべては明治に幕を開けたとするこの後付け史観は、「日本の夜明け」史観といってもいいだろう。このポイントのほぼすべてが史実からは全くかけ離れていることは、これまでの著作で述べてきた通りであるが、核になる部分について改めて整理しておきたい。

前述した通り、私自身が、薩摩長州政権の書いた歴史、即ち官軍教育を叩き込まれて育った世代である。それは学校での教えだけにとどまらず、遊びやエンターテインメントの世界も官軍教育の精神で貫かれていた。

映画『鞍馬天狗』シリーズなどは、その典型といえよう。長州藩士桂小五郎を代表とする勤皇の志士を助ける鞍馬天狗は、白馬に跨る正義の士であって、新撰組は悪逆非道な人殺し集団であった。幼い頃のチャンバラ遊びでは近藤勇役になる者がおらず、それを決めるのにいつも苦労した想い出がある。この次に桂小五郎をやらせてあげるから、などといってガキ大将の特権で決めざるを得なかったものである。

では、今の若い世代はどうかといえば、そもそも我が国の歴史に興味をもつ者など殆どいないのが実情ではあるが、彼らが受けている教育の面でみれば、これが全く変わっていないのだ。

今現在、高校で使われている歴史教科書を読んでみたが（山川出版社、東京書籍、実教出版、明成社）、幕末維新史といわれる部分の軸になっている教えは、半世紀以上昔に習った私の世代のそれと殆ど変わっていなかった。つまり、老若男女を問わず私たち日本人は、この百五十年という長い間、官軍教育以外の歴史を教えられたことはないのである。

ところが、平成以降の日本は、歴史の検証を強いる幸運な社会変革に見舞われているのだ。アメリカ、イギリスに遅れること二十数年を経て、ようやく「パラダイムシフト」の波が押し寄せてきたのである。パラダイムとは、社会を成立させている基軸の価値観のことをいうが、この基本的な価値観の大転換が、今まさに進行しているのだ。

アメリカ・イギリスで、「浮かれ騒いだ八十年代」に対する反省と悔恨を動機として、日本のバブル期末期に始まったこのムーブメントは、文明史という広く、大きな視点で捉えるべき歴史的な事象であるが、現代日本人は、この言葉を知る人たちでも東日本大震災をきっかけとして生まれた流行事象のような捉え方をしている。これは全く的外れであって、この文明変換の波は西暦2000年に入った頃からさまざまな現象を惹き起こしているのだが、一つの文明論として江戸システムを考えようとする本書では、このことについても折りに触れ言及していくことになるだろう。

とにかく私たちは今、「パラダイムシフト」の波に呑み込まれている。そのことが基底にあって、今の若い世代は歴史というものについても少なくとも私の若い頃より冷静に引いて、俯瞰(ふかん)してそれをみるということが容易になっている。それが、「パラダイムシフト」がもたらした「時代の気分」の一つでもあるのだ。

このまま推移すれば、これまでの誤った歴史知識や歴史認識が自ずと修正されていくはずなのだが、こと日本に関してはこれまで過去に遡って時間軸を引き、それに沿って史実を検証するということを全く行っておらず、自分たちがどういう種類の歴史知識や歴史認識を身につけているか、そのこと自体が分かっていないのである。従って、余り楽観的になることもできない。

そもそも明治維新という名の事件なり、事変というものは歴史上どこにも存在しないということを、先に指摘した。今更ながら、この初歩的な一点を明確に意識しなければ、幕末動乱の史実というものはいつまで経ってもその実相が浮かび上がらないであろう。

明治維新というものが特定の事件でも事変でもないとすれば、年号を暗記することが歴史の勉強だと思っている学生諸君には申し訳ないが、時期について幅があるのは当然であろう。枢要なことは、私たちが教えられ、現在も公教育が教える歴史観によれば、この明治維新が欧米列強による日本の植民地化を防ぎ、明治維新があってこそ日本は近代化への道を歩むことができたとされてきた点である。

薩摩・長州藩士を中心とする「尊皇攘夷」派の「志士」たちが、幕府や「佐幕派」勢力の「弾圧」にも屈せず、「戊辰戦争」で見事に勝利して討幕を成し遂げ、ようやく日本は「近代」の扉を開き、今日の繁栄があるとするのだ。

そして、陋習な社会を支配してきた封建的な江戸幕府を倒し、近代日本の幕開けである「維新」を成し遂げた功労者が、長州の吉田松陰、桂小五郎（木戸孝允）、高杉晋作、山縣有朋、伊藤博文、井上馨、薩摩の西郷隆盛、大久保利通、土佐の坂本龍馬、板垣退助、後藤象二郎、肥前の大隈重信、江藤新平たち、いわゆる「薩長土肥」の下級武士たちであったとする。

誠に美しい歴史叙述であるが、私は、以上のほぼ全てを、既に否定している。この場合の否定とは、史実ではないという意味である。

例えば、「尊皇攘夷」や「勤皇」という言葉を薩摩・長州藩士の代名詞のように受け留めることが多い。そして、多くの人が勤皇＝尊皇攘夷と解釈し、勤皇と佐幕を対立語として使っているが、これもまた当時の実態から著しく乖離している。

例えば、という例をもう一つ挙げれば、勤皇の志士と呼んでいる、先に挙げた薩長土肥の人物像がでたらめに麗しく語られている。結論だけを述べれば、彼らは現代流にいえば暗殺者集団、つまりテロリストたちである。

我が国の初代内閣総理大臣は、この暗殺者集団の構成員であり、自らもテロ行為に手を染めていることを知っておくべきである。こういう指摘をすると、直ぐまた稚拙な国粋主義者から「反日主義者」などというヒステリックな反撥を受けるだろうが、感情的な政治感覚でレッテルを貼るという行為に賛同はできない。

また、維新の精神的支柱とまでいわれる吉田松陰が、事あるごとにどれほど暗殺を主張したか、それ故に当の長州藩が如何にこの男に手を焼いたか、はたまたどういう対外侵略思想をもっていたか、もうそろそろ実像を知っておくべきであろう。

もし、己の政治信条や政治的欲求を実現するためにはテロもやむなしという立場を肯定するならば、彼らを内輪（うちわ）だけで志士と呼んで英雄視するのもいいだろう。しかし、正史として彼らを英雄視することはできず、私は、テロリズムは断固容認しない。テロを容認しないことが、当時も今も正義の一つであると信じている。従って、彼らを志士と評価することなどあり得ようはずがなく、テロリストはどこまでもテロリストに過ぎない。

また、「復古！」「復古！」と喚き、奈良朝以来の伝統的な仏教施設を暴力的に破壊した「廃仏毀釈」という歴史的にも恥ずべき文化破壊活動を繰り広げた維新新興勢力が、後世にでもこれを恥じたかと問えばそういう事実はない。

世代わりとは、動乱を伴うものである。そして、動乱とは武力によって成立するものであるから、後世からみればそういう愚かなムーブメントが一時的にせよ社会を支配することは、避けられないことかも知れない。しかし、仕方がないでは済まされない、回復不能な文化的損失が甚大であったことを、この先も忘れてはいけないのだ。

「復古」とは、そもそも「王政復古」という国学者の唱えた政治スローガンがもたらした時代の気分であった。そして、維新や幕末といわれる一定のスパンをもつ時代の台風の目が、「大政奉還」であり「王政復古」であった。即ち、明治維新解釈のポイントは、いわゆる「大政奉還」と「王政復古の大号令」にあるのだ。官軍教育の歪みも、この二点の史実をあからさまにすれば大筋において明白になるのである。

私たちが教えられてきた幕末動乱史は、驚くほど単純化されている。それらに、まるで東映時代劇『鞍馬天狗』のようにすっきりと、気持ち良く割り切れるものが多いのは、まさに官軍教育の賜物なのだ。永らく五百円札の肖像は、討幕派の象徴でもあった下級公家の岩倉具視であったが、このことは昭和になっても「官軍思想」が根強く生きていたことを示している。勿論、現代日本人も官軍思想の中に何の疑問も抱かず身を委ね、自分たちのたかだか百五十年という、歴史としては短い近代史の成り立ちすら殆ど知ろうとせずに気楽に生きてきたと言えるだろう。

江戸という時代は、特に後期になると、諸学が盛んになっており、学問的には多様な時代であったが、幕末近くなるに従って国学諸派が力を得てきた。中には竹内式部（たけのうち）の思想に列なる〝極右国学〟とでも呼ぶべき水戸学のような亜流も存在したが、学問としての穏やかな国学の思想の中に、徳川幕府による全国統治は、朝廷即ち天皇が徳川将軍家に委任したものであるという考え方があり、これを大政委任論と呼ぶ。

しかし、「大政委任」という言葉は別にして、この思想そのものは、何も国学者によらずとも自然な形として大和民族の精神には十分消化され、染み込んでいたものである。

極めて具体的な証例として、天皇の住まいを考えてみればいい。一つの永い歴史をもつ民族の最高権威者の住まい＝御所の佇まいである。それにしては、その塀の低さはどうしたことかと気づいた人も多いことであろう。余りにも無防備である。こういう例は、おそらく我が国以外にはあるまい。

都の庶民にとって、天子様とは文字通りお天道様のような崇高な存在ではあるが、決して政治的権力者ではなかった。自分たちが神仏の加護を得て平穏に生きておられるのも、神々との架け橋であられる天子様がそこにおられてこその話なのだ。この国の民にとってもともと天皇とは、そういう存在である。これを侵す者がどこにいようか。徳川将軍家もあくまで天子様から政を執り行う権限をお預かりしてそれを行っているものであり、どこまでも天子様を守護する存在である。従って、高い塀も、城壁のような防御施設も御所には要らないのだ。

まず、民にとって天子＝天皇とはどういう存在であったか、この点の認識を誤ると、動乱の時代の解釈も間違うことになる。大東亜戦争（太平洋戦争）が終わって占領軍が、国際法に違反する行為であるが、今の憲法を日本人に押しつけるに際して、わざわざ天皇を「日本国民統合の象徴」であるとしたが、笑止千万と言わざるを得ない。古来、大和の時代からこの国の天子は、大和民族統合の象徴であり、それ以外の何ものでもなかったのである。

結局、江戸期の諸学の隆盛が「尊皇論」を生み、同時に「佐幕」という概念と言葉も創った。幕末近くになると、幕臣、大名家中から諸大名に至るまで、即ち、武家の間に「尊皇意識」は深く浸透しており、幕末動乱期には「尊皇佐幕」という立場が武家としてはむしろ一般的であったと考えられるのだ。「佐幕」とは「幕府を助ける」という意味であるが、幕府そのものも、そして時の天皇孝明天皇その人が「尊皇佐幕派」の代表であったことを知っておく必要があるだろう。

「尊皇攘夷」を声高に叫ぶ薩摩・長州のテロリストたちを動かしていた桂小五郎や西郷吉之助（隆盛）、大久保一蔵（利通）たちには、その実において「尊皇」という意識が強烈にあったかといえば、それは全くなかった。それは、討幕のための、そのためのテロ活動のための単なる「大義名分」、或いは単なるキャッチフレーズに過ぎなかったのだ。そのことは、彼らの幕末動乱期の活動、行動が明白に物語っている。

彼らは、「尊皇」という時代の気分を、更には天皇そのものを露骨に利用しただけに過ぎない。彼らの朝廷、天皇の政治利用については、明治維新というものの実相を浮かび上がらせるためには、何はさておき詳らかにしておかなければならない。明治から昭和に至るまでの対外膨張主義も、天皇の政治利用なくしてあり得なかったのである。

一方、徳川将軍家は勿論、旗本・御家人といった幕臣たちや諸大名は、殆どが「尊皇佐幕派」といっていいだろう。当時の読書人階級＝武家にとっては、当然の教養、知識であって、彼らが身につけていた学問的素養に照らして「尊皇」という倫理観にも似た気分と「佐幕」という政治的立場は全く矛盾していなかったのである。

時の孝明天皇とは、討幕過激派が口を開けば「尊皇攘夷」を喚いていた、まさにその時の「尊皇」に当たる人であるが、この天皇が、討幕を、また天皇親政を考えたことは微塵もない。政治は幕府に委任しているし、そうあるべきものというのが、この天皇の一貫した考え方であった。その意味で、「攘夷」主義者である孝明帝は、「尊皇佐幕」の筆頭に位置づけるべき方でもあったのである。

そうなると、この天皇がおわす限り薩摩・長州の武力討幕は、不可能である。討幕という目的の最大の障壁が、実は孝明天皇その人であったのだ。ここに、我が国テロ史上でももっとも恐ろしい天皇暗殺説が生まれることになるのだ。

このことは、本書のテーマから余りにも乖離するので今は触れないが、薩摩の島津久光も土佐の山内容堂も「尊皇佐幕派」である。島津久光や山内容堂が「尊皇佐幕派」であって「討幕派」ではなかった点にも、明治維新という出来事を理解する大きなポイントがあるのだ。

歴史に「もし」（ヒストリカル・イフ）は禁物、とよくいわれるが、敢えて「もし」と考えてみる。もし、薩摩・長州のテロを手段とした討幕が成功せず、我が国が「明治維新という過ち」を犯さなかったら、我が国はその後どういう時代を展開し、どういう国になっていたであろうか。

この解は、薩摩長州勢力が全否定した江戸という時代が、どのような政治経済システムを有し、どういう社会システムを創り上げ、どういう性格の文化を成熟させたかを理解しない限り解けないのである。逆に、それらを理解し、江戸の価値観を皮膚感覚で捉えることができれば、それは容易に解けるのではないかと思われるのだ。

3　天皇を人質とした軍事クーデターの失敗

前節において、明治維新解釈のポイントは、いわゆる「大政奉還」と「王政復古の大号令」にあり、官軍教育の歪みも、この二点の史実をあからさまにすれば大筋において明白になると述べた。

このことを具体的に整理しておきたい。

慶応三（１８６７）年、土佐藩が将軍徳川慶喜に対して大政奉還の建白書を提出した。これは、形はあくまで土佐藩独自の建白書であるが、実は徳川慶喜が土佐藩に出させたものである。

慶喜はこれを受けて京都二条城に諸藩を召集（約四十藩が参加）、大政奉還について諮問（しもん）した。諮問といっても、これは形式手続きに過ぎない。慶喜は即、明治天皇に対して上奏文を提出、その翌日、天皇は参内した慶喜に対して「大政奉還勅許」の「沙汰書」を授けられて、これで大政奉還が成立した。土佐藩が建白書を提出してから、僅か十二日後のことであった。

このように表現してしまうと、日本史を揺るがせた大激変が、実にシンプルでスピーディに成就したかにみえるが、これは表面(おもてづら)だけのことで舞台裏は壮絶であった。慶喜がこれほどまでにスピーディに事を運んだのは、そうせざるを得なかった深刻な理由があったからである。

この慶応三年十月時点では、朝廷内の討幕派公家は少数派であったことを、先ず基本環境として理解しておく必要がある。三条家という長州派の過激派公家は四年前の文久三（１８６３）年の「八月十八日の政変」で追放されており、岩倉具視を中心とする少数の討幕派公家はいずれも下級公家である。八十年ぶりの摂政に就任していた二条家や賀陽宮(かやのみや)家という親徳川派の上級公家が朝廷の主導権を握っていた。

そこで、岩倉具視や薩摩の大久保一蔵たちはどうしたか。偽の勅許(ちょっきょ)（密勅）を作った。偽の「討幕の密勅」である。これは、天皇、摂政の署名もなければ花押(かおう)もないという〝天晴(あっぱ)れな〟偽物である。ところが、慶喜サイドではこれを「密勅が下る」と認識した。教養人慶喜は、まさか大久保たちが勅許の偽物を作るなどとは考えもしない。

密勅とはいえ勅許が下ることは、幕府としては避けなければならない。そこで、先手を打って大政奉還に出たのだ。これによって「討幕」の大義名分を消滅させたのである。政権を返上した者を討つということが、論理的にできないことは説明するまでもない。

大政奉還を行っても、所詮朝廷に政権運営能力はない。つまり、幕府に代わって六十余州を統治する能力はない。慶喜がそう読んだことは明らかである。形式、体制はどうあれ、大政奉還後も実権は依然として徳川が握ることになるという〝政局判断〟であり、事実この判断、読みは間違っていなかった。朝廷には、政権担当能力は勿論、その体制そのものが存在しなかったのである。

案の定、大政奉還から僅か一週間後、朝廷は、外交については引き続き幕府が担当することを指示している。列強との外交諸問題が緊迫していた時期である。朝廷も、それ以外に為す術がなかったということだ。諸外国への新潟開港の延期通告事務は、結局幕臣官僚が行っている。

冷静にこの時期の我が国の置かれていた政治外交環境を思い返してみると、よく分かるはずだ。世にいう黒船の来航は嘉永六（1853）年のことであった。徳川慶喜が大政奉還という挙に出る十四年前のことになる。京が長州人を主としたあぶれ者たちによるテロによって血塗られたピークは文久二（1862）～三年頃である。この十年間というもの、幕府は、アメリカ合衆国、ロシア、イギリス、フランス、プロシア等を相手にして、次々と和親条約、通商条約の締結を迫られ、独立と国益を守るべく必死の外交交渉を続けてきたのである。討幕の意思を秘めた薩摩と長州の過激派は、そういう幕府の足を引っ張るだけでよかったのだ。

国家が危急の際には、人材が現れる。よくしたものである。私が「徳川近代」と呼んでいるこの時期、幕府を支えた実務官僚を指して「幕末の三傑」という言い方がある。岩瀬忠震（ただなり）、水野忠徳、小栗忠順のことを言う。私にはこれに若干異論があり、言うとすれば「幕末の四傑」ではないかと思っている。川路聖謨（かわじとしあきら）が抜けているのだ。中には、いや、井上清直（きよなお）を入れないのも片手落ちであり、「幕末の五傑」と言うべきだと主張する人がいるかも知れない。いずれも幕臣であり、幕末外交に奮闘した優秀な幕臣官僚である。

ハリスを全権とするアメリカ合衆国との間の日米修好通商条約に署名したのは、井上清直と岩瀬忠震である。岩瀬は、その前にロシアとの間に日露和親条約を締結している。水野忠徳は、その後の日露交渉で川路聖謨を補佐するとともに日英修好通商条約、日仏修好通商条約に日本側全権委員として署名した。

アメリカのあのハリスと英国の初代駐日外交代表オールコックが組んだ米英連合を

相手に壮絶な通貨の交換比率交渉を展開し、鋭い知性でハリス、オールコックをたじたじとさせたのは水野忠徳である。いずれも、現代の外務官僚と比べても、その見識の深さと東奔西走の行動力、外交モラルの高さには驚嘆すべきものがあり、外交特権を利用して卑しい私腹肥やしに汲々としていたハリスやオールコックと比べても水野の知性、倫理観、胆力というものは、彼らを遥かに上回っていた。

また、条約の批准手続きのための遣米使節団に井伊直弼に抜擢されて目付として加わった小栗上野介忠順の知性と品格に、「ヘラルド・トリビューン」を始めとするアメリカの現地紙が驚嘆の記事を掲載して敬意を表わしたことは広く知られている逸話である。

こういう幕府の高度に訓練されたテクノクラートの存在は、彼ら自身の素地は勿論無視できないが、幕府がそれなりに外交経験を積んできたことを示している。

嘉永六年にペリー率いる黒船が来航して、その武力威圧に屈して幕府は遂に開国したというのが官軍教育に則って今も学校で教える日本史である。ところが、実際には幕府は天保十三（１８４２）年に「薪水給与令」を発令し、文政八（１８２５）年から施行されてきた「異国船打払令」を完全否定し、この時点で対外政策を百八十度転換していた。即ち、この時点で実質的に開国したと看做すこともできるわけで、薩摩・長州の事情で後に書かれた歴史とは二十年以上の開きがあるのだ。

尤も江戸期日本が〝鎖国〟をしていた、つまり、国を鎖していたという薩長政権が書いた歴史記述そのものに問題がある。鎖国という言葉そのものが、江戸期の一般社会には存在しなかったことも含めて、江戸期の対外政策、対外交渉については当時の状況が正確には語られてこなかったのである。

例えば、寛政九（１７９７）年以降、長崎出島へアメリカの交易船が来航した回数は少なくとも十三回確認されており、ペリーの来航によって日本人が初めてアメリカ人と接触したかのような歴史叙述は歴史事実とは異なるのだ。更に、弘化二（１８４５）年には日本人漂流民を救助したアメリカ捕鯨船マンハッタン号が浦賀に入港し、浦賀奉行と対面しており、翌弘化三（１８４６）年には、アメリカ軍艦二艦が浦賀に来航し、通商を求めたが、幕府はこれを拒否している。これらは、よく知られた歴史事実である。

つまり、薩長政権が成立するまでのおよそ四半世紀の間、江戸幕府はオランダ以外の列強、アメリカ、イギリス、フランス、ロシア、プロシアを相手としてそれなりに外交経験を積んでいたのだ。ペリーの黒船が来航して、初めて見るアメリカ人や軍艦に右往左往し、それによって生まれた混乱に乗じた討幕運動によって幕府が一挙に崩壊し、明治新政権が初めて欧米と渡り合うようになったなどという歴史は存在しないのである。

この際蛇足ながら付言しておくと、黒船という言葉そのものは戦国期から存在する。西欧列強の航洋船は、防水のため黒色のピッチを塗っている。その色で「黒船」と言うのだが、それはペリー艦隊に対してだけでなく、日本人はそれ以前にイギリスやロシア、古くはポルトガルの黒船と接触している。

また、未開国の江戸期日本と先進国の西欧列強という構図で黒船来航を教えられている現代人は、黒船を蒸気船であると思い込んでおり、蒸気船であることが幕府を始め江戸市中の人びとを恐怖のどん底に落とし込んだなどという勝手な物語を創り上げているが、帆船も「黒船」であった。ペリーは四艦で来航したが、蒸気外輪船は旗艦「サスケハナ」と「ミシシッピ」のみで、あとの二艦は帆船であった。

それ以外に一々挙げていてはキリがないが、ペリー来航時の事柄についても、いい加減なドラマの乱造の影響か、とにかく多くのデタラメがまかり通っているのだ。

話を本筋に戻すと、このような史実としての背景があって、徳川慶喜が朝廷の統治能力の無さを見透かし、大政奉還という手を打ったのは決して的外れではなく、現実的な打ち手であったといえるだろう。朝廷が、外交のみは引き続き幕府が担当することを命じた直後、慶喜は征夷大将軍の辞職を朝廷に願い出た。平面的に捉えれば、大政奉還に伴う、大政奉還を確固とした形で仕上げる行動と受け取れるが、私には「あなた方には、やはりできないでしょ」という慶喜の朝廷に対する〝ダメ押し〟ではないかとも受け取れる。このまま終われば、いわゆる「公武合体」が成立しそうな情勢となったのである。

情勢の不利なことを悟った討幕派の岩倉具視や薩摩の大久保一蔵は、新たな画策をする。それが、クーデター計画である。

このクーデターは、まだ十六歳という明治天皇を手中に収めて、慶応三（186７）年暮れに決行された。現代流の満年齢でいえば、十五歳になったばかりの幼い天皇を人質として決行されたのである。

十二月八日夜、岩倉具視が自邸に薩摩・土佐・広島・尾張・福井五藩の代表を集め、「王政復古」の断行を宣言し、五藩の協力を求めた。明けて十二月九日、朝議を終えた摂政以下の上級公家が退出したのを見計らって、薩摩を始めとする五藩の藩兵が御所九門を封鎖、公家衆の参内を阻止した上で岩倉具視が参内、明治天皇を臨席させ「王政復古の大号令」を発した。つまり、繰り返すが、これは、幼い天皇を人質とした軍事クーデターであったのだ。

大号令の内容は、

・徳川慶喜の将軍職辞職を勅許する
・京都守護職、京都所司代を廃止する
・江戸幕府を廃止する
・摂政関白を廃止する
・新たに、総裁、議定（ぎじょう）、参与の三職を設置する

というもので、「王政復古」とはいいながら、その実は二条家を筆頭とする上級公家の排除と一部公家と薩長主導の政権奪取の宣言に他ならない。ただ、これによって「公武合体」論などが孕（はら）んでいた、また徳川慶喜が企図していた「徳川主体の新政府」の芽は完全に抹殺された。現実に、岩倉が参与に就任したこの三職は、半年を経ずして廃止されている。つまり、大号令五項の内、先の四項が主眼だったことがはっきりしているのだ。

岩倉具視という下級公家は、朝廷内ではもともと過激派であったが、この時期の薩摩藩大久保一蔵は異常に過激である。私は、大久保という男はどこか根強いコンプレ

ックスを抱えているという印象をもっているが、この時期の異様な高揚ぶりも、私にはその印象を裏付けるものとしか映らない。そして、薩摩藩そのものが、この時期、宮廷内を我が物顔で闊歩、朝廷権威を蹂躙（じゅうりん）している様は、やはり動乱の時代であったことを正直に表わすものといえよう。

動乱の歴史に関わった人びとを観察する時、どれがその人物の「本性」か、これを見極めることができれば、その人物の関わった歴史の実相がみえ易い。歴史とは、表面的には人の行動記録に過ぎないが、人をその行動に駆り立てた本性がどういうものであったか、歴史に通（かよ）っているはずの血の温もりを感じるために、私はそれを洞察することに常に神経を尖らせている。

さて、幼い天皇を人質として利用した岩倉、大久保らのクーデターは成功したのか。結論からいえば、失敗に終わった。

学校教育では、大政奉還が為され、「王政復古の大号令」が発せられて俗にいう「明治維新」が成立したという流れになっているから、歴史のテストともなれば成功したとしないと具合が悪い。しかし、現実にこのクーデターそのものは失敗しているのだ。このクーデターが成功していれば、論理的にもこの後の戊辰戦争は起きていないはずである。失敗したからこそ、武力に訴える必要が生じたのである。学校教育は、まずこの点から教科書を書き直していかなければならないのだ。

クーデターの直接行動から間を置かず、明治天皇の御前(ごぜん)において最初の三職会議が開かれた。三職とは、クーデターによって設けられた総裁・議定・参与のことである。内閣総理大臣に当たるといってもいい総裁には、有栖川宮(ありすがわのみや)が就任、岩倉具視は参与の一人となった。自称のような「幕末の四賢侯」に数えられた前福井藩主松平慶永(よしなが)（春嶽(しゅんがく)）、前土佐藩主山内豊信(とよしげ)（容堂）が議定に名を列ねている。但し、注意すべきことは、三職が設けられたとはいっても、そもそも政権交代がまだ全く成立していないということだ。従って、この時点でこの三職会議には何の正当性もないということである。

この会議は、慶応三（１８６７）年十二月九日に開かれたが、この時世情(せじょう)は騒然、というより、事態はもっと緊迫していた。京都にクーデター派諸藩が軍を入れ、力で押し切ろうという姿勢を露骨に示したのである。京都に軍を入れるということがどういう意思をどれほど強烈に示すものか、このことについては我が国の歴史に触れる場合は十二分な洞察力を働かせる必要がある。天皇の居所である御所そのものといってもいい京に向かって兵を動かすということは、どこそこへ何千の兵を派遣しました、というような普通の軍事行動と全く意味が違うのである。

薩摩は、西郷吉之助が藩主島津茂久と三千の兵を率いて入京。藩内少数派の西郷が藩主を「率いて」というのも妙な言い方だが、それがこの時点の薩摩である。朝敵長州は、クーデターで勝手に朝敵処分を解除し、千名強の兵力を京に入れたが、この中にはあの粗暴なことで知られる奇兵隊が含まれていた。安芸広島藩は三百名。この藩のことは幕末史において余り語られないが、芸州広島藩は、薩長と組んで軍事クーデターという手段で討幕行動を起こした三藩の一つである。

こうして、会議直前の十一月末には、およそ五千という兵力が京に集結し、会議に対して、また軍事クーデターに加わらない公武合体派に対して強い圧力をかけたのである。

現に、クーデター後の最初の〝闇議〟とも言うべきこの三職会議は、揉めに揉めた。この会議は、御所内の小御所で開催されたところから「小御所会議」といわれる。十六歳の明治天皇と皇族・公卿以外の大名の出席者は、元尾張藩主徳川慶勝、前越前福井藩主松平慶永（春嶽）、前土佐藩主山内豊信（容堂）、薩摩藩主島津茂久、安芸広島藩世子浅野茂勲の五名である。象徴的なことは、薩摩藩士大久保一蔵、土佐藩士後藤象二郎、安芸広島藩士辻将曹たちが敷居際に陪席を許されたことである。この時、西郷は外で警備を担当していた。

小御所会議が採めた図式の軸は、山内容堂と岩倉具視の対立である。山内容堂が「尊皇佐幕派」であることは、先に述べた。岩倉は、薩摩長州の頭に立つ「討幕派」である。こういう立場、スタンスの違いだけでなく、実はこの時点で「岩倉が孝明天皇を毒殺した」という噂が広く流布されていたのである。この噂は、この会議の出席者は皆知っていたはずである。

山内容堂は、徳川慶喜の出席を拒んだ会議であることを責めた。同時に、今回の会議に至る事態を、幼い天皇を担いだ、権力を私（わたくし）しようとする陰謀であると非難した。この指摘は事実であって、まさに核心を衝いている。

この時、山内容堂は「幼沖（ようちゅう）なる天子〜」という表現をしたとされる。岩倉は、ここを捕えた。「幼沖なる天子とは何事か！」と反攻に出た。完璧な揚げ足取りである。揚げ足取りであっても何でも、反論、反攻しなければ、天皇暗殺の噂のこともあって自らの立場は危険なことになると感じていたのであろう。更に、まだ何も〝閣議決定〟をしていない段階にも拘らず、「徳川慶喜が辞官納地（じかんのうち）を行って誠意をみせることが先決である」という、論理にもならない主張を繰り返した。

これまで大政を委任されてきた徳川幕府将軍に対して辞官納地という形を求めるならば、山内容堂が主張する通り、徳川慶喜を会議に参加させるのが筋である。呼べばいいのである。核心を衝いた容堂の主張に、さすがに松平春嶽、浅野茂勲、徳川慶勝が同調し、山内容堂は、終始「徳川内府を〜」と主張し、この会議は休憩に入った。

ここで、いろいろな種類の〝本性〟が事態を動かす。

大久保とともに陪席を許されていた薩摩藩の岩下左次右衛門が、この経緯を警備の西郷に伝えたらしい。その時、西郷が漏らしたひと言、「短刀一本あれば片が付く」。これが歴史を動かした。西郷独特の計算、とする説もあるが、これは西郷の本音ではなかったろうか。複雑な曲線を描いて思考する癖のある、陪席している大久保に対する苛立ちも含まれていたかも知れない。

このひと言が岩倉の耳に入る。岩倉は、これを浅野茂勲に伝える。岩倉の決意を知った広島藩は、これを辻将曹が土佐藩士後藤象二郎に伝え、後藤は主の山内容堂と松平春嶽に伝えた。西郷の、いざとなれば玉座を血で汚してでも短刀一本でケリをつけろという、昭和の極右勢力にまで繋がる問答無用の事の進め方を、岩倉は己の決心として直接山内容堂に伝えるのではなく、広島藩を通じて容堂を脅かす。このあたりは、岩倉らしい打ち手といえるだろう。公家にしては過激な性格は岩倉の〝本性〟であろうが、小技を駆使する狡猾さもまた、この曲のある公家の〝本性〟ではなかったか。

山内容堂が身の危険を感じた時点で、会議の趨勢が決したといえる。再開後の会議において、「徳川慶喜に辞官納地を求める」、即ち、官位と所領を没収することを、誰も反対せず決議したのである。

山内容堂と松平春嶽は「幕末の四賢候」などと言われているが、ここまでが彼らの限界である。薩摩武士の末端とも言うべき下級城下士であった西郷という男の、全ての論理や倫理を否定する〝本性〟の顕れたひと言が、国家の行く末を決する小御所会議の方向を左右してしまったのだ。

この後、我が国の近代といわれている時代では、政局が行き詰まる度に反対派に対して「問答無用！」という暴力＝暗殺や武力恫喝が繰り返され、最終的に薩摩長州政権は対米英戦争へと突入していったのである。

この小御所会議が開催されたのは、慶応三（1867）年暮れ、十二月九日の夜である。「徳川慶喜に辞官納地を求める」ことを決して、そのまま事が進めば、「王政復古」は成立する。即ち、後の言葉でいう「明治維新」が成立したことになる。

ところが、事は逆方向に動き出した。

翌十日、徳川慶喜が、自らの新しい呼称を「上様」とすることを宣言した。これは呼称の問題であるから、理論的には大政を奉還したことと矛盾することにはならな

徳川慶喜（国立国会図書館蔵）

い。しかし、言外に徳川政権の実質統治を継続しますよと宣言しているとも聞こえるのだ。

徳川慶喜に「辞官納地」を求めた、この小御所会議の時、当の慶喜は幕府軍およそ一万とともに二条城にいた。一万という軍勢には、強兵で知られる会津兵約二千、桑名兵約一千が含まれている。薩摩長州を中心とする討幕派の兵も五千が京に集結しており、山内容堂は、双方が偶発的に衝突する不測の事態を懸念し、朝廷と慶喜に対して「納地」の問題は諸大名会議を開催して幕府と諸大名の分担割合を決めるなどの提案を行い、双方これを受け容れ、慶喜は、会津藩主松平容保、桑名藩主松平定敬（さだあき）、老中板倉勝静（かつきよ）らを伴い、十二月十二日、大坂へ下ったのである。

同時に、薩摩長州及び広島藩の軍事クーデターという強硬手段に対する土佐藩を中心とする公武合体派の反撥はピークに達し、肥後藩や筑前藩、阿波藩が、三藩に対して御所からの軍勢の引き揚げを要求するに至り、岩倉と三藩は、「徳川慶喜が辞官納地に応じれば、慶喜を議定に任命し、前内大臣としての待遇を保証する」との妥協提案をせざるを得なくなったのである。

ここで、慶喜は更なる反転攻勢に出る。

十二月十六日、大坂城に米英仏蘭及びプロシア・イタリア六ヵ国の公使を召集し、内政不干渉と徳川幕府の外交権保持を承認させたのである。岩倉や薩摩長州には、こういう外交はできない。更に三日後、慶喜は、朝廷に対して「王政復古の大号令の撤回」を要求した。

朝廷は遂に、「徳川先祖の制度美事良法は其の侭被差置（さしおかれ）、御変更無之（これなく）候間～」云々との告諭を出した。つまり、徳川政権による大政委任の継続を承認したのである。この告諭では「王政復古の大号令」を取り消すとは言明していないが、実質的に徳川慶喜の要求を呑んだことになる。徳川幕藩体制は、維持されることになったのである。

ここに、岩倉具視と薩摩長州の偽勅許による討幕、軍事クーデターによる討幕のオーソライズの策謀は敗北した。「明治維新」は失敗に終わったのである。

小御所会議で決定したはずの「辞官納地」も、暮れも押し迫った十二月二十八日、慶喜が朝廷からの「辞官納地の諭書（さとししょ）」に対する返書を出すが、諭書の内容は、

・徳川慶喜の内大臣辞任（前内大臣として処遇する）を認める
・徳川慶喜が最高執権者として諸大名会議を主宰する

・諸大名会議で朝廷へ「献上する」費用の分担割合を取りまとめる

というものであり、「辞官納地」は完全に骨抜きにされたのである。

俗にいう「明治維新」の核となる出来事が「大政奉還」と「王政復古の大号令」であることは、学校教育でも一貫して常識であったが、以上のような史実が存在する以上、学校教育は「この時点では明治維新は失敗した」と教えるべきではないか。少なくとも、「王政復古の大号令」が完璧に失敗、偽勅による幕府転覆の策謀が未遂に終わったことだけは、教育というものの良心に拠って立って明瞭に教えるべきであろう。

4　戦争を惹き起こすためのテロ集団・赤報隊の悲劇

討幕の勅許を偽造したものの、徳川慶喜に「大政奉還」という先手を打たれ、軍事クーデターを起こして「王政復古の大号令」を発したものの、再び慶喜の反撃に遭って、岩倉具視と薩摩・長州の徳川幕府打倒計画は挫折した。

小御所会議が紛糾した時、西郷が漏らしたひと言、「短刀一本あれば片が付く」……結局、武断派西郷は、これを実行することになる。但し、事が思い通りに進んでいない時は「短刀一本」では済まなくなるものだ。何十本、何百本もの短刀＝軍事力で幕府を倒すという、いってみれば、天下の奪い合いの原点に戻ってしまうのである。

西郷は、岩倉具視の了承を得て、「赤報隊（せきほうたい）」という部隊を組織した。隊長は、相楽（さがら）総三（そうぞう）。この部隊は、一番隊、二番隊、三番隊から成り、一番隊が相楽を隊長とする相楽の昔からの同志たちが中核を為す部隊で、これが赤報隊の中心である。二番隊は、新撰組を離脱した御陵衛士が中核を成していた。御陵衛士は、こんなところに生きていたのである。八十年代以降の新撰組ブームの中で新撰組を知った人なら、この悲劇の集団のことを知っている人も多いことだろう。三番隊は、近江出身者が中心となった。主に近江水口藩士である。

赤報隊が、正式に組織されたのは年が明けた慶応四（１８６８）年だが、その前に西郷は相楽たちに命じた。打ち手を失いつつあった薩摩・長州の〝重石〟のような存在であった西郷は、相楽たちに何を命じたのか。

江戸において、旗本・御家人などの幕臣や佐幕派諸藩を挑発することである。挑発といえばまだ聞こえはいいが、あからさまにいえば、放火、略奪、強姦、強殺である。倫理観の強かった江戸社会においては、もっとも罪の重かった蛮行を繰り返すことであった。

何せ毎夜のように、鉄砲までもった無頼の徒が徒党を組んで江戸の商家へ押し入るのである。日本橋の公儀御用達播磨屋、蔵前の札差伊勢屋、本郷の老舗高崎屋といった大店が次々とやられ、家人や近隣の住民が惨殺されたりした。そして、必ず三田の薩摩藩邸に逃げ込む。江戸の市民は、このテロ集団を「薩摩御用盗」と呼んで恐れた。夜の江戸市中からは人が消えたという。

遂に幕府は、庄内藩酒井忠篤に江戸市中取締を命じたのである。藩の成り立ちというものもあるが、会津藩松平容保が京都守護職を受けたことが戊辰会津戦争の悲劇に通じたように、庄内藩が会津とともに最後まで薩摩・長州を中心とした反乱軍に抗戦したのも、その端緒はこの「江戸市中取締」を拝命したことにある。

幕府高官も庄内藩も、愚かではない。時の政治情勢はわきまえている。つまり、おかしなことではあるが、取り締まるといってもできるだけテロ集団を刺激しないことに留意した。刺激しないということは、いきなり強圧的には出ないということだ。そうなると、赤報隊のテロは益々激化する。江戸だけでなく野州（下野）、相模、甲州といった周辺地域にまでテロの標的を拡大していったのである。そして、京で岩倉や大久保が勅許を偽造して政局が緊迫の度を増していた頃、再び江戸市中でのテロを激化させ、遂に慶応三（１８６７）年十二月二十二日夜、庄内藩屯所を銃撃するに至った。翌二十三日には、再び庄内藩士が銃撃を受ける。この二十三日には、江戸城二の丸で放火が発生しており、これも赤報隊の仕業だとされる。

これで、耐えに耐えてきた庄内藩は、堪忍袋の緒を切った。幕府も同時に切れてしまった。老中稲葉正邦は、庄内藩、岩槻藩、鯖江藩などから成る幕府軍を編成、薩摩藩邸の攻撃を命じた。

十二月二十五日、幕軍は三田の薩摩藩邸を包囲、薩摩藩が下手人の身柄引き渡しを拒否したのを受けて遂に薩摩藩邸を砲撃した。これが世にいう「薩摩藩邸焼き討ち」である。後に、京にいてこの報に接した西郷は、手を打って喜んだと伝わる。自分が送り込んだ赤報隊の江戸市中での無差別テロという挑発に、幕府が乗ったのである。

これが、京都における「鳥羽伏見の戦い」のきっかけとなった。つまり、「戊辰戦争」の直接的な引き金となったのである。

薩摩藩邸の焼き討ち程度では収まらなかった幕臣サイドから、慶喜に対して「討薩」の圧力が強まり、慶喜は、「討薩表（とうさつのひょう）」を朝廷に提出することを決意し、「奸臣共の引き渡し」がなければ、やむを得ずこれに「誅戮（ちゅうりく）」を加えると表明してしまった。即ち、下手人を引き渡さなければ薩摩を討つと宣言してしまったのである。

江戸での「薩摩藩邸焼き討ち」とそれに至る経緯が、大坂城の慶喜に伝えられたのが十二月二十八日。ちょうど「辞官納地」を骨抜きにし、「王政復古の大号令」を失敗に追い込み、政治的逆襲に成功したとみえた、その時である。エリート臭の強い慶喜は、図に乗り過ぎたのかも知れない。

明けて正月二日、「討薩表」をもった、大河内正質（まさただ）を総督とする幕軍一万五千が大坂城を進発した。そして、翌三日、薩摩がこの一隊を急襲し「鳥羽伏見の戦い」が勃発、薩摩・長州は一気に戊辰戦争という、待ちに待った討幕の戦乱に突入する。

結局、京における討幕クーデターに失敗し、圧倒的に不利な立場にあった薩長勢力は、この江戸市中での騒乱によって一気に戊辰戦争へと突っ走り、後に「明治維新」と呼ばれる政権奪取を断行してしまったのである。即ち、西郷が送り込んだ赤報隊が、その一番の功労者ということになるのだ。敢えて簡略に述べ切ってしまえば、これが、後世「明治維新」と呼ばれた動乱の、核になる部分の史実である。

薩摩・長州の書いた歴史では、この動乱がなければ日本が近代を迎えることはなかったということになっているが、私は全くそうは考えていない。薩長政権は、前時代である江戸期を「打破すべき旧い時代」として全否定し、そういう教育を受け続けた私たち日本人は百五十年以上経った今もそれを信じているが、江戸期とは私たちが教えられてきたものより遥かに高度なシステムをもった社会であり、今や経済史の面からの視点も加えて「江戸システム」と呼ばれるほど世界史的にも類をみない高度な文明社会であったとして評価されつつある。少なくとも末期の十五〜二十年を、私は「徳川近代」と呼んでいるが、日本の近代とは確実にここから始まっている。この時期と実態を無視して、江戸期を一括りにして、それを単なる陋習（ろうしゅう）に満ちた封建時代であったとするのは、薩長政権が意図して歪めた歴史叙述である。

江戸期の高度な社会システムについては後章に譲るとして、動乱という事態に身を置いた時、勝たなければ我が身が滅びる。とすれば、打ち手の質にこだわってはいられない。とはいうものの、西郷の採った、手段を選ばず江戸市中でテロを展開するという打ち手を評価することはできない。何故なら、余りにも下劣な手段であったからである。

もし、西郷という男が上級の士分の者であったなら、こういう手を打っただろうか。明治維新とは、下層階級の者が成し遂げた革命であると美しく語られてきた。表面は確かにそのように映るかも知れないが、下級の士分の者であったからこそ、下劣な手段に抵抗を感じなかったといえるのではないか。今の日本人は、この種のリアリズムを極端に蔑視するが、これは否定し難い、染み付いた〝本性〟の問題であろう。そして、動乱とは概してそういうものではないだろうか。

挑発に成功した相楽たちは、直ぐ正式に討幕軍の一部隊としての「赤報隊」として組織され、薩長討幕軍の先鋒を務めることになる。彼らは、東山道鎮撫総督指揮下の部隊として組み込まれたのである。

相楽総三以下の赤報隊は、「年貢半減」を宣伝、アピールしながら信州へ進軍した。討幕軍は年貢を半減すると公約して民衆の心を引き寄せながら東へ、東へと進んだのである。勿論、この〝公約〟は、薩摩・長州中枢の裁可を得て発したもので、赤報隊が勝手に宣伝した訳ではない。

この頃、各地で一揆が頻発しており、総称して「世直し一揆」と呼ばれる。そういう情勢下にあって赤報隊の掲げる「年貢半減」は大いに受け、薩長討幕軍の東進を大いに助けたのである。

ところが、薩長中枢は、このことを赤報隊に対して口頭で許可したものの文書にして残してはいない。そして、直ぐ「年貢半減」を取り消し、赤報隊が勝手に触れ回ったものとし、赤報隊を「偽官軍」であるとして追討した。相楽総三以下赤報隊一番隊は、慶応四（１８６８）年三月早々、下諏訪にて処刑される。但し、隊が担いでいた公家は処刑されなかった。御陵衛士が中核となっていた二番隊は京へ引き戻され新政府軍に編入、近江出身の三番隊は桑名で処刑された。

相楽が処刑された直後、この知らせを受けた妻は、一子を姉に預け後を追って自害した。この時、相楽は三十歳であったというから、妻は二十代のはずである。

要は、相楽たち赤報隊は、「維新」に失敗しつつあった薩摩・長州と岩倉具視たちに利用され、使い捨てにされただけなのだ。彼らが江戸市中で行った蛮行には許し難いものがある。しかし、彼らは西郷の命を受け、その行動に「大義」があると信じていた。西郷にしてみれば、端から使い捨ての心算であったのだ。

結局、後世でいうところの「明治維新」を成立させるについて、もっとも決定的な道筋をつけたのが赤報隊であり、赤報隊のテロであったのだ。

蛇足ながら、この赤報隊には驚くべき、また興味ある人物が関わっている。甲州博徒黒駒の勝蔵である。幕末の博徒、無宿人もまた動乱とは無縁ではなかったのだ。

私どもの世代は、長谷川伸の作品を中心とする東映や大映の股旅映画には強い馴染みがある。「番場の忠太郎」（瞼の母）・「鯉名の銀平」（雪の渡り鳥）・「沓掛時次郎」（沓掛時次郎）と列挙すれば、縞の合羽に三度笠の男伊達に、少年の血潮がたぎったことを多くの読者が懐かしく思い起こされることであろう。「一宿一飯の恩義」を重んじ無宿渡世の旅の空を風に吹かれて生きる男たちは、とにかくカッコ良かったものである。

ところが、忠太郎も銀平も時次郎も、そして後の「木枯し紋次郎」も、皆架空の人物である。時代背景は史実に忠実に描かれていても、存在そのものはフィクションなのだ。しかし、清水の次郎長や吉良の仁吉、次郎長の宿敵であった甲州竹居村無宿安五郎や安五郎の子分黒駒村無宿勝蔵や伊勢古市の伝兵衛、伊豆間宮の久八等は皆実在のヤクザなのだ。そして、彼らは彼らでさまざまな形で幕末維新の動乱に関わりをもっている。

中でも、黒駒の勝蔵が、西郷の組織したこの赤報隊のリーダー格の一人として意気揚々と東征軍の趣で進軍してきたことが確認されている。また、土佐藩吉田東洋を暗殺した土佐勤皇党那須信吾と甲州無宿の繋がりも、幕末動乱の裏面にみえ隠れする。

黒駒の勝蔵の親分格である甲州八代郡竹居村無宿安五郎、通称ども安は、嘉永六（1853）年六月八日、流刑の島新島から島抜けを敢行した。嘉永六年といえば、ペリー来航の年であり、現に同年六月九日、ペリーは久里浜に上陸、六月十二日に江戸を離れている。この時、かの伊豆韮山代官所は、安五郎の島抜けを知りつつ、何故安五郎を捕縛しなかったのか。ペリー来航と安五郎の島抜けは全くの無関係であったのか。

幕末の無宿人たちが動乱の時代をどう生きたかということも、歴史としての検証の対象となって然るべきであろう。

第二章　明治復古政権による「江戸」の全否定

1　廃仏毀釈という日本文化破壊

明治も三十年代に入った頃のことであったかと思うが、薩摩の大山巌（おおやまいわお）を面詰（めんきつ）した者がいた。言うまでもなく大山とは、後の日露戦争において満州軍総司令官を務めた、あの大山である。

「閣下、我々は尊皇攘夷ではなかったのですか」

この大山にとって厳しい問いには、自分たちは諸外国と和親条約、通商条約を締結し、国際協調路線を採った徳川幕府を、古（いにしえ）より神聖な天皇を奉じ、麗しき伝統を守ってきたこの神国日本を汚らわしい夷狄（いてき）に売り渡すものとして打倒したのではなかったのかという素朴な疑問が込められていたはずである。

これに対して大山は、

「あの時はあれしかなかったのだ」

という意味のことを、苦し紛れに答えたという逸話が残っている。あれしかなかった――つまり、方便だったということである。幕末文久年間をピークとして、〝天誅（てんちゅう）〟の名のもとに残虐な殺戮を繰り広げた尊皇テロは方便に過ぎなかったというのだ。

こういう逸話が残るほど、明治新政府という〝復古政権〟は、成立するや否や一夜にして豹変し、「徳川近代」が敷いた路線を走りながら、西欧近代というものを金で買いまくったのである。

大英帝国の軍事支援を受けながら、討幕という政争に勝利するためには攘夷、復古という単調で分かり易いキャッチフレーズを大音量で喚かないと、大衆参加のムーブメントを創ることができなかったという、明治維新というクーデターの抱えるそもそもの不幸がこの点にある。

やはり留学経験のある幕臣田辺太一（やすかず）が、「攘夷を説く狂夫」という表現をしたことがあるが、復古だ、攘夷だと喚いていたテロリストたち本人ですら、少し冷静で頭の回る者はそれが単に名分に過ぎないことをある程度自覚していたはずである。目的は討幕であって、復古、攘夷はその目的を達成するための思想の装いをしたキャッチフレーズに過ぎなかったはずなのだ。ところが、余りにも激しくこれを囃し立てている間に気分が高揚し、キャッチフレーズの域を超えてしまい、彼ら自身が錯乱してしまったとしか思えないのだ。

復古、復古というが、では一体どこへ復古すべきだというのか。それは、律令制の時代、即ち、奈良朝あたりである。

彼らの唱える、天皇を神格化した狂信的な尊皇原理主義からいえばこれもおかしな話で、奈良朝にしても飛鳥朝にしても政治的にも文化的にも中国の影響なくして成立し得たはずはないのだ。復古主義者、尊皇原理主義者たちも、当然このことは分かっている。彼らは、実のところ神代の古代に復古したかったのである。このことはもはや、勤皇思想の過熱、暴走が生んだ妄想と言うべきであろう。

記紀が叙述する神話の世界とは、史実かどうかを云々する対象ではない。これを史実とすれば、神武天皇以下、日本開闢初期の天皇は、二百歳、三百歳という長寿の天皇が何人も存在したことになるのだが、これに目くじらを立てることはナンセンスであろう。神話の世界とは、民族の精神文化を生んだ母胎として長閑に好ましい気分で大事に抱いていていいものではないだろうか。

ただ、愚かで卑劣なりとはいえ、尊皇原理主義者たちを多少擁護するとすれば、いつの世においても新しい政権が成立早々盤石というケースは、まず存在しないのではないか。政権奪取に役立った建て前、方便というものを一定期間は具現化することもまた、政権を固めるには必要となるものであろう。

現実に、幕府から政権を奪って間もない明治二（１８６９）年七月、新政府は二官六省を設置した。二官とは、神祇官、太政官、六省とは、民部、大蔵、兵部、刑部、宮内、外務の六省をいう。

何という名称であろうか。まるで律令時代へ遡ったようではないか。さすがに神代の時代には役所は存在しなかったので、可能な限り復古したということである。そして、この名称の殆どは、昭和・平成まで使われていたことをご存知であろう。大蔵省は、平成十三（２００１）年一月に財務省と改称されるまで存続していたし、外務省は令和に入った現在もその名称のまま存在する。宮内省は、内閣府宮内庁となったが、実質的に名称は変わっていない。

斯様に私たちの社会は、民族の歴史上初めて外国の軍隊に占領されるという、一時的にせよ独立国家としては滅亡しながら、それでもなお薩長政権の骨格を引き継いでいるのである。このことも、王政復古クーデター以降の歴史を全く検証していないことを、雄弁に物語っているのではないか。

太政官の構成は、右大臣三条実美（さんじょうさねとみ）、大納言岩倉具視、参議に大久保利道、広沢真臣（ひろさわさねおみ）、前原一誠（まえばらいっせい）、副島種臣（そえじまたねおみ）が名を連ねた。右大臣だ、大納言だとなれば、光源氏がここへ名を連ねていても全く違和感を感じないであろう、紛れもない復古政権であった。

一方で卑しいほどの西欧崇拝に浸りながら、神代への復古を標榜する復古政権は、政権奪取に成功するや否や、日本史の一大汚点と言うべき「廃仏毀釈（はいぶつきしゃく）」という徹底した仏教文化の破壊活動を繰り広げた。彼らは、仏教文化を日本文化とは看做（みな）さず、外来のものとして排除しようとしたのだ。このあたりが、原理主義者の愚かさであろう。話題の新元号「令和」で脚光を浴びた万葉集にしても、中国文化の影響なくして成立し得たはずはないのだ。

仏教伝来から既に千四百年近く経っていた明治維新といわれるこの時点において、仏教という宗教及びその影響を受けた文化的、精神的諸要素は、既にこの美しい島国の風土を創り上げている主たる要素といってもいいほど大地に、空間に、人びとの心に沁（し）み込んでいる。そのことを考えると、薩長新政権が惹き起こした「廃仏毀釈」というムーブメントは、歴史上例をみない醜い日本文化の破壊活動であった。

つまり、「廃仏毀釈」とは、明治維新の動乱の中で、明治元（１８６８）年に薩長新政権の打ち出した思想政策によって惹き起こされた仏教施設への無差別な、また無分別な攻撃、破壊活動のことを指す。これによって、日本全国で奈良朝以来の夥（おびただ）しい数の貴重な仏像、仏具、寺院が破壊され、僧侶は激しい弾圧を受け、還俗（げんぞく）を強制されたりした。ひと言でいえば、薩摩・長州という新権力による千年以上の永きに亘って創り上げられた我が国固有の伝統文化の破壊活動である。現代のイスラム原理主義勢力、タリバーンや「イスラム国」（ＩＳ）を思えば分かり易いであろう。

発端は、新政権が出した太政官布告「神仏分離令」と明治三（１８７０）年に出された「大教宣布」にある。学者は、これ自体が直接仏教排斥を指示したり、煽ったりしていないとするが、それは文章面（づら）のことであって当たり前である。これを後ろ盾として、仏教弾圧の嵐が吹き荒れたことは否定のしようがないことなのだ。

私たち大和民族は、それまで千年以上に亘って「神仏習合」という形で穏やかな宗教秩序を維持してきた。平たくいえば、神社には仏様も祀って別け隔てなく敬（うやま）ってきたのである。これは、極めて濃厚にアジア的多元主義を具現する習俗であったといえる。

それをいきなり廃止せよと命じ、神社から仏教的要素を徹底的に排斥することを推進し、ご神体に仏像を使用することも禁止したのである。これが、全国的に大々的な

廃仏運動を燃え盛らせたのだ。（現代日本人は、「神仏習合」が大和的な、大らかで自然な姿であったことも知らなくなっている）

今、近代と呼ばれる世界は一元主義によって行き詰まりにきているといっていいだろう。薩長権力が討幕に成功するや否や、一転して狂ったように被れた西欧文明は、まもなく確実に終焉を迎えるであろうが、それは言葉を換えれば一元主義の破綻といっていいのではないか。

もともと大和民族は、多元主義的な生態を維持してきた故に、多少の混乱期を経験しながらも長期的には平穏な生存空間を、政治的な版図を超越して維持してきたのである。単に島国であったから、という地勢的な理由だけに頼るのは余りにも稚拙というものであろう。

ところが、薩摩・長州の下層階級が最初に被れた思想とは実に浅薄なもので、単純な平田派国学を旗印に掲げ、神道国教、祭政一致を唱えたのである。これは、大和民族にとっては明白に反自然的な一元主義である。

ここへ国学の亜流のような水戸学が重なり、もともと潜在的に倒幕の意思をもち続けてきた薩長勢力がこれに被れ、事の成就する段階に差しかかって高揚する気分のままに気狂い状態に陥ってしまったのだ。

こういう現象は、革命期にはよくあることではある（尤も、明治維新は革命でも何でもないが）。とはいえ、神政政治を目指す、神道を国教とする、仏教はそもそも外来のものである、すべてを「復古」させるべきだというのだから、これはもう気狂い状態に陥ったというべきであろう。では、どこへ「復古」させるのが「正しい」のか……それが先述した律令時代、更にいえば神代の時代ということになるのだ。

そもそも薩摩・長州は、徳川政権を倒すために天皇を極めて露骨に利用したに過ぎない。そのために「尊皇攘夷」という大義名分が必要となった。これは、どこまでも「大義名分」に過ぎない。薩長討幕派が純粋に「尊皇」精神をもっていたかとなると、幕末動乱期の行動、手法が明白に示す通り、そういう精神は微塵ももち合わせていなかったと観察できる。「尊皇攘夷」を便法として喚き続けているうちに本当に気狂いを起こし、「王政復古」を唱え、何でもかでも「復古」「復古」となり、大和朝廷時代が本来のあるべき姿であるとなってしまったのだ。その結果、寺を壊せ、仏像を壊せ、経典を焼け、坊主を成敗せよ、となってしまったのである。

伊勢神宮といえば神道の聖地のような存在となっているが、維新以前は神宮のある宇治山田には三百を超える寺があり、伊勢神宮の神官たちも〝救済〟を求めて、よく寺にお詣りしていたものなのだ。神仏習合という極めて大和的な日常光景が、伊勢でも違和感なくみられたのである。それが一気に仏教攻撃の嵐の中で伊勢慶光院など百ヵ寺以上が廃寺となり、今では十数寺しか存在しない。

薩摩藩では、1616寺が廃寺となり、還俗を強制された僧侶は2966人もいたという。この時、寺の財産はすべて没収された。

隣の日向（宮崎）清武エリアでは仏教徒三百人以上が虐殺されたと伝わる。また、美濃苗木藩では、藩主の菩提寺を含めて領内のすべての寺院、仏壇、仏像が徹底的に破壊された。この地域では、今は殆どの家庭が葬儀を神式で行うが、これはこの時の仏教弾圧の名残りである。

全国的にこのような激しい仏教攻撃が繰り広げられたのであるが、奈良興福寺や内山永久寺の惨状は、中でも筆舌に尽くし難い。興福寺だけで二千体以上の永い歴史を刻んできた仏像が、破壊されたり、焼かれたりしたことが分かっている。僧侶は、殆ど全員が神官に、文字通り〝衣替え〟したり、還俗することを強要された。経典は、町方で包装紙として使われるというゴミ同然の扱いを受け、五重塔は二十五円（一説には十円）で売りに出された。薪（たきぎ）にするために売りに出されたのである。多くの宝物（ほうもつ）は、混乱に乗じた略奪等によって散逸し、二束三文で町方に出回ったのである。

因みに、現在の奈良ホテルや奈良公園は、当時の興福寺の敷地内である。

興福寺とともに我が国四大寺の一つという格式を誇った内山永久寺に至っては、更に酷い（ひど）もので、徹底的に破壊され尽くし、今やその痕跡さえみられない。姿を残していないのだ。この世から抹殺されてしまったのである。廃仏毀釈とは、それほど醜い仏教文化の殲滅運動であった。

この廃仏毀釈という神道原理主義運動を単なる民衆の行き過ぎた一時的なムーブメントとし、新政府の方針とは全く無関係であると学者は言い続けてきたが、それは違う。新政府は、僧侶に対して「肉食妻帯勝手なるべし」と、わざわざ命令している。僧侶に戒律を犯させ、仏法の教えにいうところの「破戒」をさせようと企図したことは明白である。

そもそもきっかけは、既述した通り新政府の出した布告や詔である。

まだ明治新政府が成立していない慶応四（1868）年三月二十八日、大総督府は「神仏判然令」を太政官布告として発令した。そして明治二（1869）年、寺院から菊の紋章を取り外させ、翌明治三年一月三日、「大教宣布」という詔書を発令し、仏像の神体としての使用を禁止し、僧侶の神職への転向を推進した。

明治四年一月五日には「寺社領上知令」を再び太政官布告として発令し、寺社領を没収した。更に、明治五年には托鉢を禁止し、翌六年には神職に給料制を導入し、この頃から落語や講談で盛んに僧侶の腐敗、失態を演じさせた。これは、新政府がよく使ったプロパガンダ手法である。

このように、新政府は太政官布告や詔書で「命令」を出しているのだ。法的に指示している以上、新政府は無関係とするこれまでの学者の言い分は全く成り立たないのではないか。

明治二十三（1890）年、教育勅語が発布され、明治三十六（1903）年、教科書が国定化され、「忠君愛国」を浸透させる国史教育が始まった。これが、廃仏毀釈のゴールであった。

国定日本史教科書の冒頭には、次のように書かれている。

——天照大神はわが天皇陛下の御先祖にてまします。その御徳、きはめて、高く、あたかも、太陽の天上にありて、世界を照すが如し。——

ダメを押すように、日露戦争後の明治三十九（1906）年、明治政府は学校から神道以外の宗教を徹底的に排除した。ここに「祭政一致」を唱え、神の祭りが政であるとする神性天皇原理主義国家が完成したのである。これが、明治維新の産物である。

私は、神社の静謐な空気が大好きで、初詣を正月に行わず、寒気の鋭い二月頃、一人で神社に参詣することを今も習慣としている。述べてきた、実に醜い廃仏毀釈という日本文化の破壊活動と国家神道という一元主義思想の強制については、神職や神社に責任はない。そして、大和心に反して無理やり神性をもたされた天皇こそ被害者であったと言うべきであろう。

いずれにしても、明治維新という動乱期に、新政府はこういうやり方で日本の伝統文化、芸術の根幹を担ってきた仏教を、宗教としても文化的価値としても徹底的に弾圧したのである。

興福寺（東金堂と五重塔）
（提供:奈良市観光協会）

文化とは、互いに影響を与え、与えられて成立するものである。中国文化の影響なくして日本の仏教という宗教も、神道という民間思想も成立していないのだ。明瞭に言い切っておくが、現在の世界の標準的な定義によれば、神道は宗教ではない。

傷ついた奈良興福寺の仏像修復に精魂を傾けたのは誰か。彼の努力がなかったら、今日私たちは興福寺で仏像を鑑賞することができないのである。それは、文部官僚岡倉天心（てんしん）である。彼が、長州人を中心とした西欧絶対主義者たちによって職を追われたことと、それにも拘らずその後も彼が地道に仏像修復に当たらなかったら、今日の興福寺さえ存在していなかったことを、私たちは肌身に刷り込んで知っておくべきであろう。

勿論、後に彼が報復的な行動を採ったことを無視してこれを述べているのではないことを付言しておく。

2　復古政権による「文明開化」

廃仏毀釈という我が国固有の文化を嬉々として自ら破壊する「維新人」の様を見て一番驚き、失望或いは怒りを覚えたのは、維新人が無条件に憧れ、尊敬した当の「文明開化人」、即ち、西洋人であった。

明治九（1876）年に新政府がドイツから招いたベルツ博士が日記を残している（『ベルツの日記』上・下　岩波文庫）。

医学者エルヴィン・フォン・ベルツは、一般には草津温泉を世界に紹介した人として知られているが、いわゆる「お雇い外国人」の一人でもあった。

ベルツは、怒り、忠告する。

「日本人は、ほんの十年にもならぬ前まで我々の中世騎士時代と同じ文化状態にあったのに、ヨーロッパが文化発展に要した五百年を一気に飛び越えて、十九世紀の全ての成果を一瞬にして横領しようとしている」

「多くの物事は逆手にとられ、西洋の思想は勿論、その生活様式を誤解して取り入れ、とんでもない間違いを犯すものだ。日本に招聘された者たちまでもが無理解で、一部の者は日本のすべてをこきおろし、日本が西洋から取り入れるものはすべて賞賛する」

「不思議なことに、今の日本人は自分たちの過去を何も知りたがらない。それどころか、自分たちの過去＝歴史を恥じている。何もかも野蛮でした、我々には歴史なんかありません、これから始まるのです、という者さえいる」

「これらの現象は、大変不愉快なものである。日本人が自国国有の文化を軽視すれば、却って外国人の信頼を得ることはできない」

「日本人はお雇い外国人を学問の果実の切り売り人としてしか扱っていない、つまり、根本にある精神を探求することなく、最新の成果さえ受け取れば十分と考えている」

真に辛辣に聞こえるが、すべて核心を衝いているのではないか。これが「文明開化」を唱えた明治新政府の西欧或いは西欧人に対する姿勢、態度であったのだ。

ベルツ自身は、来日五年目に日本女性と結婚し、結果的に約三十年も日本で生活した知日家、親日家であるが、そういう人物故の激烈たる維新日本人に対する批判であり、忠告であったと解すべきであろう。こういう見識あるヨーロッパ人が驚くほど、日本人が日本的なるものを根底から否定し、自らを卑下（ひげ）していたのである。

廃仏毀釈に代表される自国の文化破壊を怒ったのは、勿論ベルツだけではない。フランス人画家ジョルジュ・ビゴーもその一人であった。

このフランス人画家については、彼が居留民の外国人を主たる顧客としていたことや、貧相な日本人像を描いたことで〝反日家〟と捉える向きも多い。しかし、それは全く間違っている。士族の娘を妻に迎えたこの画家は、新興上流階級の日本人は辛辣な風刺画の対象としたが、庶民の伝統的な日々の生活スタイルには共感を抱き、敬意を払っていた。彼が批判したのは新政府の皮相的ともいえる上っ面（つら）の欧化主義であったことは明白である。特に、彼にとって当時の日本女性は、江戸情緒を保ったままの、彼の求めてやまなかった日本的なるものを具現している存在であったのだ。

ビゴーは言う。

「日本で一番いいもの、それは女性だ」

「せっかく日本の女性に生まれたのだから、日本の女性のままでいて欲しい」

性差別に対する意識が異常に高まっている時代であるが、現代の日本女性は、このビゴーの願いを何と聞くか。

明治新政府が主導した日本的なるものの否定は、廃仏毀釈だけではなかった。前出の「文明開化」という言葉は、維新直後の明治を「日本の夜明け」と位置づけてきた私たちにはお馴染みの言葉である。明治八（１８７５）年、福澤諭吉が『文明論之概略』において、シヴィライゼーション Civilization の訳語として使ったのが始まりであるとするのが定説となっている。

一般には、文明開化といえば次の俗謡を思い起こす人が多いのではないだろうか。

「ちょんまげ頭を叩いてみれば、因循姑息の音がする」
「総髪頭を叩いてみれば、王政復古の音がする」
「散切り(ざんぎ)頭を叩いてみれば、文明開化の音がする」

要するに、当時の流行り歌である。こういう俗謡が流行るほど、新政府は人びとの髪、即ち、ヘアスタイルに至るまで西欧化を強制した。こういうことについても太政官布告を発令し、法律を定めているから、これは「強制」といっていい。要するに、西洋のものなら何でもいいという価値観による風俗統制を行ったのである。こういう点からも、明治新政府による「近代化」とは「西欧化」に他ならなかったことが分かる。それは、「徳川近代」という時代を現出させた徳川幕府のそれとは、全く異質であったと考えられるのだ。

新政府は、「違式詿違条例（いしきかいいじょうれい）」という法律を施行し、これによって風俗統制を行ったのである。この法律は、現代の軽犯罪法に当たるともいわれるが、それがどういうものであったかは、直接その条例の条項をみた方が分かり易い。

以下は、明治五（1872）年十一月、東京府において布達された「違式詿違条例」の抜粋である。

違式詿違条例

第一条　違式の罪を犯す者は七拾五銭より少なからず百五拾銭より多からざる贖金を追徴す

第五条　違式詿違の罪を犯し人に損失を蒙らしむる時は先ず其損失に当る償金

を出さしめ後に贖金を命ず可し

違式罪目
第七条　贋造(がんぞう)の飲食物並に腐敗の食物を知て販売する者
第九条　春画及び其類の諸器物を販売する者
第十条　病牛死牛其他病死の禽獣を知りて販売する者
第十一条　身体に刺繍(いれずみ)を為す者
第十二条　男女入込の湯を渡世する者
第十四条　外国人を無届にて止宿せしむる者
第十七条　夜中無燈の馬車を以て通行する者
第二十一条　戯に往来の常燈台を破毀(はき)する者
第二十二条　裸体又は袒裼(たんせき)し或いは股脚を露はし醜体をなす者
第二十五条　男女相撲並蛇遣ひ其他醜体を見世物に出す者
第二十六条　第二十二条の如き見苦敷き容体にて乗馬する者
第二十八条　軒外へ木石炭薪等を積置く者

詿違罪目
第二十九条　狭隘（きょうあい）の小路を馬車にて馳走する者
第三十条　夜中無提燈にて人力車を輓（ひ）き及び乗馬する者
第三十一条　暮六つ時より荷車を輓く者
第三十七条　湯屋渡世の者戸口を明放ち或は二階へ目隠し簾（すだれ）を垂れざる者
第三十八条　居宅前掃除を怠り或は下水を浚（さら）はざる者
第三十九条　婦人にて謂れなく断髪する者
第四十一条　下（しも）掃除の者蓋なき糞桶を以て搬運する者
第四十二条　旅籠屋渡世の者止宿人名を記載せず或は之を届け出でざる者
第四十五条　往来常燈を戯に消滅する者
第四十八条　物を打掛け電信線を妨害する者
第四十九条　市内往来筋に於て便所にあらざる場所へ小便する者
第五十三条　犬を闘わしめ及戯に人に嗾（ぞく）する者
第五十四条　巨大の紙鳶（たこ）を揚げ妨害を為す者

以上は、文化人類学者百瀬響氏が『文明開化　失われた風俗』（吉川弘文館）において資料として紹介されているものから、現代からも想像し易く、この条例がどういうものであったかを理解する上で分かり易いと考えられる項目を引かせていただいたものである。

この「東京府下違式詿違条令」が公布された翌明治六（1873）年七月、「各地方違式詿違条例」が太政官布告として公布された。これは、全国での施行を促すための〝ひな形〟として公布されたものである。

東京府条例が五十四条から成るのに対して、各地方条例は九十条と、規則項目が多くなっている。東京府条例を「都市型」とすれば、地方条例は「農村型」或いは「村落型」と呼ぶことができるであろう。百瀬氏は、「都市型」「村落型」という呼称で分類しているので、本書もこれに倣うこととする。

各地方条例には、確かに村落型らしい規則項目が盛り込まれている。例えばそれは、以下のような項目である。

・他人持場の海草類を断りなく苅採（かりと）る者
・毒薬並に激烈気物を用ひ魚鳥を捕ふる物
・他人分の田水は勿論組合持の田水を断りなく自恣（じし）に我が田に引入る者

・他人の持場に入り筍或は蕈類を無断採り去る者
・堤を壊ち又は断りなく他人の田園を掘る者
・他村又は他人持場の秣或は苗代草等を断りなく苅採る者
・往来にて死牛馬の皮を剥き肉を屠る者
・神社仏閣の器物を破毀する者
・雑魚乾場に妨害をなす者
・海苔乾場に妨害をなす者
・他人の猟場に妨害する者
・渡舟橋梁の賃銭を不払して去る者
・牧場外猥りに牛馬を放ち飼する者
・山林原野にて徒らに火を焚者
・田畝中に瓦礫竹木等を投入る者
・遊園及び路傍の花木を折り或は植物を害する者
・往来並木の枝に古草履等を投掛る者

このように、東京府条例も各地方条例も、規制の対象とした日常行動は幅広く、全体を通じて実に細かいという印象を受ける。中には、このようなことまでわざわざ成文化するかと苦笑せざるを得ないものやばかばかしささえ感じる条項もある。

しかし、このような受け留め方はどこまでも現代の価値基準なり法令というものに対するコモンセンスからみたものであって、新政府の開化主義者は大真面目であり、必死であったのだ。

違式詿違条例に先立って、東京府は「悪習五条の禁」といわれる布令を出している。野蛮な五つの風俗を「悪習」として禁止するというものである。この条項や精神は違式詿違条例に包含されていくのだが、これは典型的な風俗規制であった。その五つの禁とは、以下の風習、行為であった。

・裸体などで往来に出ること
・男女入込洗場（男女混浴）
・春画売買
・陰茎模型売買
・入墨

このような動きだけを観察して江戸期にはこれらが認められていたかのような錯覚を生む言い方をする向きもあるが、それは注意すべきであろう。範囲の微妙な「裸体」の問題は別にして、今でいう「猥褻（わいせつ）」に当たる行為は、江戸期においても「町触（まちぶれ）」などを通して禁止はされていたのだ。

復古、復古と喚いて幕府を倒した途端に開化、開化の大合唱に覆われたこの時、開化主義者がもっとも神経質になったのが「裸体」であった。

この場合の「裸体」とは全裸という意味ではなく、「肌をみせる」ことすべてを含んでおり、混浴や脛や腿（もも）をみせることなども包含している。更にいえば、片肌脱いで、という姿も、風呂屋の戸口を開けておくことも「裸体」の範囲に入る「醜態」となるのだ。この規制に対して、地方では「裸体免許」を求める運動が発生した事例もある。

注目すべきことは、これらの規制は、開化主義者が偏（ひとえ）に〝外国人の目〟を意識して制定したものであるという点だ。確かに外国人が日本人の公共マナーの欠落や習俗の範囲に入る行為に対して抗議する、クレームを入れるということは、あったようである。しかし、規制の多くは、多分外国人が嫌うであろう、文句をいうであろうという開化主義者の先回りした想定や思惑、つまり〝忖度（そんたく）〟によって制定されている。

確かに日本では、裸に接する機会は多かった。混浴は一般的であったし、百姓や車夫が半裸で仕事をすることも日常的な光景であった。開化主義者は、このような「裸体文化」とも称された日本人の習俗を外国人が非文明的であるとして嫌悪するならば、多分あれも同様であろう、これも非難されるであろうと先回りして「野蛮」「汚習」と自己否定して規制の範囲を無秩序に拡げていったのである。

先に紹介した百瀬響氏も『文明開化　失われた風俗』において次のように述べている。

——このような規制は外国人のまなざし——野蛮／文明という判断の——を意識したものであったが、日本国内で禁止された風俗にかかわる項目は、彼らによって批判されたもののみではなかった。外国人によって直接批判されていないものについても、「外国人が批判するであろうから」という理由で禁止されていく、あるいはまた外国人から批判的意見を聞いたことから、率先して禁止を提案する例もある。——

つまり、彼ら開化主義者は、〝率先して〟外国人からみて〝いい子〟になろうとしたのである。

百瀬氏は、『東京日日新聞』『新聞雑誌』『日要新聞』といった当時のメディアがこれを煽った様子も紹介している。

大東亜戦争に敗れ、米軍に占領支配されていた昭和二十年代からその後の三、四十年代がまさにそうであったように、外圧による、またその影響による世代りの時にはこの国には必ず「勝者に媚びる知識人」がオピニオンリーダーとして登場する。

例えば、初代文部大臣となった森有礼（ありのり）（薩摩）や、徳川慶喜にイギリス型議会制を進講した西周（にしあまね）（津和野）は、紛れもなくこの時期のオピニオンリーダーと位置づけられる。そして、興味深いことに二人共日本語廃止論者であった。彼らにしてみれば、固有の言語である日本語、日本語文すら非文明的であったのだ。実は、大東亜戦争敗戦時、即ち、ＧＨＱによる日本の占領統治が始まった時期にも全く同じ主張をする者がいたことも知っておくべきであろう。

開化主義者の中には、西洋人と混血すべきであると主張する者さえいた。西洋人の肉体的な優秀性を説き、強健な肉体を作るには肉食すべきであるとし、その延長線上に人種改造論とも言うべき西洋人との混血が必要であるとする主張が大真面目に展開されたのである。

ここまでくると、もはや究極の〝西洋被れ〟と言うべきであるが、この種の主張は投げやりの気分で為されたものでなければ、皮肉や不真面目によるものでもなかった。むしろ真剣に自分たちの非文明、野蛮を嘆いた上での主張であったのだ。尤も、それだけに余計に始末が悪いのだ。

これが、明治復古政権による「文明開化」の正体である。

混浴や裸体について多少付言しておくと、庶民の男女混浴を強く批判して世界に広報したのは、かのペリーである。下田で混浴を見聞したペリーは、これを指して日本人の道徳性の欠如、堕落と断定した。『東洋紀行』で知られるクライトナーも、公衆道徳の欠如であると強く非難した。

一方で、駐日スイス領事R・リンダウになると見方が異る。非難を急ぎ過ぎる危険性を説き、

「育てられてきた社会の約束を何一つ犯していない個人を、恥知らず者呼ばわりすべきではない」

と主張する（『スイス領事の見た幕末日本』新人物往来社）。

また、英国女性イザベラ・バードは明治十一（1878）年に来日し、三ヵ月に亘って東北、北海道を旅して貧しい農村風景を『日本奥地紀行』として著したことで知られるが、やはり農婦や車夫の半裸姿に驚き、戸惑っている。しかし、彼女は、そういう庶民の勤勉さや礼儀正しさも同時に正しく観察している。

つまるところ、彼ら西洋人に文明的優越感があり、それに由来する余裕とも言うべき心理やいわゆる〝上から目線〟の見方、態度が共通して存在したことは紛れもないが、ペリーとバードの違いは固有の知性の差であるとみることもできるだろう。

改めて振り返ると、薩摩・長州は早くからイギリスへ秘密留学生を送り、密輸入という形でイギリスから武器の支援を受けて幕府を倒すことに成功した。薩摩に至っては、伝統的に日本第一の蘭癖（らんぺき）（西洋被れ）藩であった。そのことを考えると、彼らが天皇権威を利用するために〝方便〟として「尊皇攘夷」を声高に喚きながら、事が成就するや否や一転して、日本語廃止を主張するほど、或いは混血による人種改造を唱えるほど西洋に憧れ、万事西洋化に狂奔したことは決して不思議なことではないのである。

そして彼らは、武器の優劣＝軍事力の優劣、即ち、工業力のみで西洋の優位を認め、工業力で劣る自らを「非文明」と位置づけ、非文明の民族の風俗は野蛮、野習であると断じて恥じたのである。当然、このことが前時代＝江戸期を全否定することに繋がったことは言うまでもない。

多くの学者、研究者が、一連の文明開化策は不平等条約の撤廃を意識して文明国家として世界に認められることを目指して、明確な目的意識を以て展開されたものであったと、今日でもまだ説いているが、これこそ官軍史観による後付け史観の典型である。

私自身が、このような歴史教育を受けて育った一人である。曰く、「好き好んで鹿鳴館で踊っていた訳ではない」と。

敢えていうが、彼らは好き好んで踊っていたのだ。ここまで述べてきた文明開化の正体が、そのことを正直に示している。

不平等条約の改定に対する新政府中枢の態度がどういうものであったかは、拙著『虚像の西郷隆盛　虚構の明治150年』(講談社文庫　講談社)で詳しく述べた通り、岩倉使節団の成立過程とその顚末を具にみれば明白である。開化主義者に条約改定に対する意識が全くなかった訳ではないが、すべては条約改定のためにというような悲壮な思いで西洋化に邁進したなどということは全くなかったことを申し添えておきたい。

3　「文明開化」を指導した新政府の腐敗

明治維新至上主義者とも評すべき司馬遼太郎氏は、『「明治」という国家』（日本放送出版協会）において、次のように語っている。

――明治は、リアリズムの時代でした。それも、透きとおった、格調の高い精神でささえられたリアリズムでした。――

また、「明治は清廉で透きとおった〝公〟感覚と道徳的緊張＝モラルをもっていた」とも言い切る。

私は、これには異論がある。

公感覚とかモラルということについていえば、新政府のリーダーに成り上がった開化主義者や新しく生まれたエリート層が、江戸期武家社会の倫理観や佇まいというものからはほど遠かったことをはっきり申し上げておきたい。

福澤諭吉は、権力は必ず腐敗すると断言した。この言に普遍性があるとは思いたくはないが、オリジナリティのある社会の青写真を描けなかった復古新政権は、成立直後から福澤の言う通り絵に描いたように腐敗していく。腐敗の主役は、長州閥であった。建て前、方便にこだわらざるを得なかった尊攘激派の弱みが噴出したとみることもできるだろう。

「透きとおった、格調の高い精神でささえられたリアリズム」とは全くほど遠い政争と腐敗。この新政府の醜悪な姿が、西郷隆盛に「怒りの口実」を与え、「明治六年政変」から「西南の役」の伏線となったともみられるのだ。

福澤諭吉による『明治十年丁丑公論（ていちゅうこうろん）』は、次の緒言から始められている。

——凡そ人として我が思う所を施行せんと欲せざる者なし。即ち専制の精神なり。故に専制は今の人類の性と云うも可なり。人にして然り。政府にして然らざるを得ず。政府の専制は咎むべからざるなり。政府の専制咎むべからずと雖も、之を放頓すれば際限あることなし。又これを防がざるべからず。今これを防ぐの術は、唯これに抵抗するの一法あるのみ。世界に専制の行わるゝ間は、之に対するに抵抗の精神を要す。その趣は天地の間に火のあらん限りは水の入用なるが如し。――

つまり、人が権力を手にすれば専制に陥るものであり、それは仕方がない、但し、それを放置すれば際限がないので、大切なことは抵抗すること、抵抗の精神をもつことである、というのである。

明治新政府は、確かに腐敗していた。特に成立早々は、汚濁にまみれていたといっても過言ではない。関ヶ原の怨念に突き動かされて、何の国家ビジョンも描かず、いや、描けず、ただ朝廷=天皇を道具として利用して討幕に突っ走ってきた訳であるから、仕方がないといえば甘過ぎるかも知れない。しかし、実態は徳川からの権力奪取以上のものは何もなかったのである。

幾つか新政府の腐敗の実例を挙げておこう。これらは、今日の政治家や企業人の腐敗、倫理観の欠落のルーツであるという点で、特に重要な史実である。

山城屋和助（わすけ）事件という典型的な汚職事件があった。単なる汚職事件というより、陸軍省疑獄とでも呼ぶべき醜悪な事件である。

山城屋和助、元の名を野村三千三（みちぞう）といい、長州奇兵隊の幹部であった。つまり、山縣有朋の部下であった男である。

御一新後、野村は山城屋和助と名乗り商業を生業（なりわい）とし、山縣の引きで兵部省御用商人となる。山縣が山城屋からの軍需品納入に便宜を図り、山城屋は忽（たちま）ち財を成し、豪商といわれるまでにのし上がった。これによって、山縣自身も財を成したことは言うまでもない。典型的な癒着である。山縣だけでなく、長州閥の軍人や官吏の遊興費は山城屋もちであったという。

そのうちに山城屋は、生糸（きいと）相場にも手を出し、その資金を兵部省が改組された陸軍省から何の担保も出さずに引き出したのである。その額何と十五万ドル。全く、稚拙な漫画のような話である。

ところが、ヨーロッパの生糸相場が暴落、山城屋は投機に失敗した。これを取り返そうとして、山城屋は再び陸軍省公金を借り出したのだが、総額は日本円にして六十四万九千円余とも八十万円ともいわれている。これは、当時の国家歳入の一パーセント強、陸軍省予算の一割弱に当たる、途方もない金額である。

山城屋は、大金をもって渡仏したのだが、損失の挽回を図ったかといえば、全くそういう行動はとらなかった。では、どうしたのか。連日連夜、パリの歓楽街で豪遊したのである。

時は、明治五年である。この時代、パリではまだ珍しい日本人が連夜に渡って豪遊すれば、当然目立つ。忽ち、フランス駐在中弁務使鮫島尚信がこれをキャッチした。そればかりではない。イギリス駐在大弁務使寺島宗則も、ドーバー海峡の向こうの大陸で噂になっているこの日本人の情報を掴んだ。二人から本国の副島外務卿にこれが報告されたのである。

国内でも山城屋と陸軍省の汚い関係が放置された訳ではない。陸軍省内部で山城屋の動きに不審を抱く者が誰もいなかったということは、あり得ないのだ。

陸軍省会計監督種田政明（薩摩）が秘かに調査、その結果を同じ薩摩出身の陸軍少将桐野利秋に報告、ここでこの癒着関係は一気に表面化した。近衛兵を中心に山縣有朋陸軍大輔の責任を追及する声が沸騰、追いつめられた山縣は、辞表を出さざるを得なくなったのである。

この段階で、一定期間にせよ山縣が政治生命を失ったとしても不思議ではなかった。政治生命を断たれたとしても当然であったが、これを救済したのが西郷である。

簡略に述べるに留めるが、山縣追及の急先鋒は近衛兵であった。その長官ともいうべき近衛都督は、山縣が兼務していた。

明治三（１８７０）年、薩摩、長州、土佐三藩が兵を差し出し、「御親兵」が成立した。これを主導したのが西郷である。新政府が新たな施策に着手できたのは、背景にこの武力があったからであり、特に〝第二のクーデター〟といわれる「廃藩置県」が断行できたのも、新政府が八千名のこの軍事力をもっていたからである。

御親兵は、明治五（１８７２）年に「近衛兵」とその名を変えたが、一貫して中核を為していたのは薩摩兵であった。中世以来の独立圏薩摩という風土で郷中教育の躾を受けて育った薩摩兵は、郷党意識、団結力、平たくいえば仲間意識が非常に強いといわれている。彼らは、軍隊についても新しい組織を創らなければならない立場の西郷にとって、次第に厄介な難物にもなっていたのだ。西郷は、既に近衛兵の解散を考えていたようだ。つまり、「徴兵制」の導入を企図したものと考えられる。日本の国民軍の創設は、そのルーツを幕府歩兵組に求めることができるが、それから数えれば約十年の道草を食ったことになる。

山縣有朋（国立国会図書館蔵）

西郷は、山縣を陸軍大輔に専念させることとし、自らが陸軍元帥・近衛都督に就任することによって山縣を救ったのである。

山城屋和助は、急遽パリから呼び戻されたが、既に返済能力もなく、証拠書類をすべて焼き払った上で、明治五（1872）年十一月二十九日、陸軍省内の一室で割腹自殺を遂げた。これによって、事件は闇に葬られることになってしまったのである。

「尾去沢銅山事件」も、これまた長州閥による絵に描いたような権力犯罪であった。大蔵大輔井上馨（聞多）が官権を悪用し、民間人から銅山を強奪するという、露骨といえば露骨過ぎる犯罪であった。

伊藤博文とともに新政府きっての女癖の悪い井上という男は、金銭欲も激しかった。二人は、高杉晋作の子分として走り回っていたが、まるで女と金を求めて動乱の時代を疾駆していたかのような印象がある。

そもそも、井上を大蔵大輔に任命するなどという人事は、まるで盗人に財布を預けるようなものであって、新政府、特に長州閥の性格をよく表わしている。この男は、長州俗論党に襲撃されたことがあるが（袖解橋の変）、さすがの司馬遼太郎氏も、この時死ぬべきであったと断じている（人の生死を手軽に扱い過ぎる言い方ではあるが）。大蔵大輔時代は「今清盛」といわれていたほど、権力によって財を成すことに執着が強かったようだ。

この事件が表沙汰になった時の大蔵卿は大久保利通であったが、彼は岩倉使節団として外遊中であり、留守政府の大蔵省は井上が私物化していたといっても過言ではない。

南部藩は、御用商人村井茂兵衛から少なくとも五万五千円という多額の借金をしていたが、当時の習慣によって証文には「奉内借」（内借し奉る）と書かれていた。これは、藩への貸付金の一部でも返却された時に提出することを想定した文言であって、武家や大名家と町民である商人との間の儀礼的慣例である。

いくら井上と雖も、その程度のことは分かっていたはずである。ところが井上は、これを「村井が藩から借財している」として即時新政府への返却を命じたのである。この時、井上に指揮された大蔵省は、村井の釈明を一切聞かず、強引に村井の債務だとして返済を迫ったのである。実に稚拙な、かつ官権を悪用したやり口であった。

藩への貸付を逆に藩から借金したことにされてしまった村井は、年賦返済を願い出るが井上はそれも拒否、尾去沢銅山を没収してしまう。日本近代史の研究家毛利敏彦氏は『明治六年政変』（中央公論新社）において、以下のように述べている。

——やむをえず村井が年賦返済を嘆願すると、それを拒絶して理不尽にも村井が経営していた尾去沢銅山を一方的に没収した。旧幕時代にも例を見ないほどの圧政といえよう。

村井は、銅山の経営権を入手するために十二万四千八百円を費やしていた。ここに、村井は破産同然となった。大蔵省の強引なやり方を見ると、藩債返却云々は口実で、当初から尾去沢銅山没収をねらっていた疑いが濃い。——

尾去沢銅山を没収した井上は、工部省少輔山尾庸三に命じて、これを井上家出入りの御一新後の成り上がり政商岡田平蔵に払い下げさせたのである。その条件は、払い下げ金三万六千八百円、しかも十五年賦、無利息という無茶苦茶な好条件であった。井上は、大蔵大輔辞職後の明治六年八月、尾去沢銅山を視察、この時の視察費用も岡田が負担したことは言うまでもない。そして、現地に「従四位井上馨所有地」という立看板を堂々と掲げるという、厚顔無恥な振舞いを行っている。仮に、自費で購入したとしても大問題であるが、尾去沢銅山を所有したとするなら井上はそれを入手するについて一銭でも身銭を切ったか。否、である。すべて公金と官権を私的に悪用したに過ぎない。毛利氏も「出入り商人岡田を隠れみのに使って銅山の私物化を図ったきわめて悪質な権力犯罪」であると断罪している。

言うまでもないことかも知れないが、井上も岡田も、そして、協力した工部省の山尾も長州人である。

まるで観光旅行のような「岩倉使節団」として外遊していた木戸孝允（たかよし）は、勝手に遅れて帰国した早々、井上の救済と事件もみ消しに奔走することになる。帰国三日後には長州閥の子分井上の自宅を訪問、渋沢栄一を交えて事件もみ消し工作を談合している。

動乱の時代に「逃げの小五郎」といわれた桂小五郎は、御一新後、木戸孝允と名乗る、西郷、大久保に並ぶ〝大物〟となったが、彼が「岩倉使節団」参加を強く希望したのも、内政からの「逃げ」であった。生まれたばかりの新政府は、さまざまな難問を抱えており、内治に関わるのが嫌になったのである。

木戸については、とかく健康上の問題が云々されるが、それはもう少し後のことで、御一新後彼がやったことといえば、もっとも精力的に動いたのが長州閥子分たちの不始末（実際には犯罪）をもみ消すことであった。山縣・伊藤・井上たちは、皆、木戸の子分であって、私のような浅学の徒が「子分」と表現してもさほど重みもないが、博士号をもつ学究の人である先の毛利氏でさえ「子分」という表現を用いている。

親分木戸は、子分の犯罪について全くその理非を問わず、ただ子分であるというだけで直ぐ事件もみ消しに走っているのである。「明治六年政変」という政局大混乱の時にも、木戸は子分たちの事件を基準に態度を左右させているフシが濃厚である。これではまるでヤクザの世界同様であり、明治長州閥というものが如何に醜悪な集団であったかを思うべきであろう。

「小野組転籍事件」という、これも木戸が子分救済に一生懸命になった事件がある。舞台は京都。主役は、京都府参事槇村正直(まきむらまさなお)、後に男爵、元老院議官にまで昇った長州閥の大物である。被害者は、三井などと肩を並べる江戸期以来の豪商小野組。その他、やはり井上も、実は木戸自身も絡んでいる。

小野組の本拠地は京都であったが、御一新後、東京が首都になり、小野組の商売も東京が中心とならざるを得なかった。そこで、明治六（１８７３）年四月、小野家は東京への転籍を願い出たのだが、京都府はこの願書受理を拒否した。理由は、明白である。

当時の新政府地方官は、ひと言でいえば天下が薩長のものになって己が旧大名に代わって新しい大名になった程度の認識しかもっていなかったのである。そこで、公的な税金＝公租以外に臨時の金を豪商に出させることが当たり前のように行われていた。この金は、参事や後の県令を中心とした地方官の懐に入るのだ。従って、転出をさせなかったのである。

問題は、槇村が木戸の懐刀であったことだ。木戸の政治資金は、殆ど京都府から出ていたといわれている。木戸が京都の屋敷を入手する時、それを担当したのは槇村である（その時は三井が絡んでいる）。

更に、小野組は三井の商売仇、三井といえば井上であり、井上も木戸の子分である。西郷が、井上に面と向かって「三井の番頭さん」と呼んだことは、余りにも有名な話である。

槇村、井上としては、京都府の金づるである小野組の転籍を認める訳にはいかず、何と小野家当主を白洲に引っ張り出して転籍の断念を迫るという暴挙に出た。それ以外にも、京都府庁自らさまざまな迫害を加えたといわれている。

堪りかねた小野家は、当時注目されていた「司法省達第四十六号」を頼って、畏れ多くも天朝の役所である京都府を相手に訴訟を提起したのである。司法卿江藤新平は、法治主義の鬼であり、「人民の権利」という概念の普及に躍起になっていた。法のもとでの四民平等は、江藤の悲願であったといってもいい。司法省官吏は、江藤から「司法権の独立」という概念についても徹底した教育を受けている。

京都裁判所は、小野家の主張を認め、転籍願の受理を京都府に命じた。当然といえば当然であろう。京都府に対して、ごく普通に行政事務を執り行えと指導したようなものである。

ところが、京都府はこの判決を拒否した。そればかりか、裁判所に訴えたのは怪しからぬと、小野組への迫害を更に強めた。新政府の官吏・地方官とは、急に手にした権力に慢心し、それほど民間人を見下していたということである。

こうなると、硬骨漢司法省も黙ってはいない。知事・参事は、判決を履行しない罪を問われることになり、この一件は行政訴訟であったものが刑事事件へと発展した。京都裁判所は、形式的な知事ではあったが、公家出身の知事長谷信篤に贖罪金八円、参事槇村に同六円を科すに至った。

しかし、それでもなお京都府参事槇村は、この刑を拒否したのである。自分たちは天下をとったのだと、よほど慢心していたとしか考えられない。遂に、京都裁判所は、「槇村正直の法権を侮辱する更に之より甚しきはない」として、司法省に対して槇村の拘禁を上申したのである。

前出毛利氏は、これについて面白い表現をしている。

——京都府庁にとっては、慣習通りに人民を抑圧したにすぎない軽い事件のつもりであったが、人権を重視する裁判所の意外に強硬な態度に事の重大性を悟った。——（前出『明治六年政変』）

この京都府と裁判所の対立は、中央の重大な政治問題に発展する。それは取りも直さず、大蔵省と司法省の対立となった。

木戸は、こういう子分の不始末に振り回されることになる。新政府で唯一の理論家であり、「近代人」であった江藤の創った裁判所は、一般市民にとっては人権の最後の砦であったが、新政府官員にとっては邪魔者であったともいえるのだ。

京都の一件について木戸は、裁判所など廃止した方が天下のためであり、人民のためになると息巻いたが、これは一体どういう感覚であろうか。恐らく、自分の資金源を断たれたくなかったのであろう。西郷が、朝鮮への使節派遣問題で窮地に立っている時、この男の頭は犯罪を犯した自分の子分の救済と、不正を容赦しない司法省、即ち江藤に対する憎悪で占められていたのである。

木戸にしてこの有様である。「明治は清廉で透きとおった〝公〟感覚と道徳的緊張＝モラルをもっていた」（司馬遼太郎氏）とは、一体どこをみた論であろうか。明治は、少なくとも初期から前半にかけては腐敗し切っていたのである。

これらの醜悪な権力犯罪が問題となった時期は、先に述べた「違式詿違条例」が施行され、「文明開化」の大合唱の中、庶民がこれまでの風俗まで「野蛮だ」「非文明だ」と決めつけられて西欧化を強制されていた時期と重なる。実態は、何でも西洋風を強制していた新政府首脳こそが、西洋人が知ったら驚愕するような腐敗の権化とも言うべき存在であったのだ。

第三章　誤解に満ちた江戸社会

1　死出の旅路の片道手形

私たちは、意外に本当の江戸の姿を知らない。例えば、サムライ同士が頻繁に斬り合うようなことは、江戸の日常ではないのだ。金さえもっていれば、吉原で簡単に遊女が買えた訳でもない。

江戸の実際の暮らしやしきたり、都市化のプロセスなど、私たちがその実相を殆ど知らないのも、明治新政権が江戸を否定し、抹殺したからであって、日本様式というものが確立した時代でありながら、この時代は実は不当な扱いを受けてきたのである。

本章では、先ず江戸に対する誤解を解くことから始め、江戸が如何にオリジナリティ溢れる社会であったかまでを通して眺めていきたい。

国立歴史民族博物館名誉教授高橋敏氏が、その著『江戸の平和力』（敬文舎）で一人の旅人を詳しく紹介している。同氏は、フィールドワークを重視し、正史に対する稗史（はいし）にも研究者としての洞察の視線を向け、注目すべき成果を挙げている点で、近世史を考える上で欠かせない存在である。

　ここでは、氏の研究成果に敬意を払い、同書で紹介された旅人の旅の様子をできるだけそのままなぞって紹介したい。

　旅人の名は近江屋豊七。上州高崎の商人である。豊七は二十四歳という若者で、近江屋主人宗兵衛の代参で松屋和兵衛を伴い、四国金刀毘羅（ことひら）大権現（だいごんげん）参詣を旅の目的として、文久三（１８６３）年正月二十五日、高崎を出立した。彼は、京都三条までの二ヵ月余りの生々しい旅の記録を「道中記」として遺（のこ）してくれたのである。

　幕末のこの時期、人びとが旅を楽しむということに関して、例えば宿に困るとか、地名がよく分からないなどという不自由は一切なかったのである。街道、宿場は整備されており、今日でいうガイドブックも広く出回っていて、著名な観光地には専業のガイドもいた。つまり、今でいう旅行業、観光業が成立していたのだ。

　現に、豊七は鎌倉でガイドを頼み、二百五十文を支払っている。恐らく客待ちのガイドに捉まり、しつこくつきまとわれて仕方なく雇ったものであろう。

　鎌倉と同じように神社仏閣を売りとする奈良では、豊七はかなり不愉快な思いをしたようだ。

——此宿大不印（中略）案内を頼み、不残拝見仕候、此所人気極あしく、何を求めても皆々案内者一心にて高印——

つまり、宿は全く駄目で、ガイドの言うまま何を買っても皆高いというのだ。豊七は、宿だけでなく何かにつけてシビアな評価を書き記している。例えば、平塚宿では、

——此宿は至極悪敷、茶屋も皆々大ペケ——

と散々な悪評価を下している。これに対して、箱根湯本では少し高めの著名な宿に泊まっているのだが、「乍併湯は誠に清水随分面白き所御座候」と好評価なのだ。豊七にしてみれば、自分の旅日記が後に続く同郷の者の〝ガイドブック〟になればいいという思いがあったことは想像に難くない。

若い豊七は遊里にも積極的に足を踏み入れ、女の品定めもきっちりと記録する。いい女に当たれば「大当たり」と喜び、「散財」し、伊勢では外宮・内宮の参詣を終え

るや、

――古市よりげい者三人迎に参り、大騒ぎ大当り――

といった具合で、遊女を置く宿のランクづけにも余念がない。

これでは一体何の旅かと苦笑せざるを得ないが、豊七は決して遊郭めぐりをやっていた訳ではない。そこは、当時絹織物で急激な発展をみせていた上州の商人である。三河・尾張という一大木綿産地ではいざり機か高機かと織機の観察を怠らず、京大坂の金銀両替相場の変動にも注目し、メモに残している。

明治になって伊勢崎銀行や織物取引所を創設し、両毛鉄道の建設にも尽力した地方財界人中澤豊七。彼は、文久三（1863）年の若かりし日、このような奔放な旅を楽しんでいたのだ。

金刀比羅大権現、伊勢神宮参詣の旅といいつつ、それは紛れもなく〝観光旅行〟であった。そして、豊七の旅は決して豊七ならではの特殊なものではなく、当時としては一般的な、多くの人びとが楽しんだ旅の姿であったことを知っておきたい。

それにしても、豊七の旅には大きく注目すべき点がある。それは、この旅が文久三年に行われているという事実である。

幕末文久三年とは、どういう年であったか。

豊七が上州を発ったのは正月二十五日であった。その前年末、十二月二十四日、京都守護職を拝命した会津藩主松平容保（かたもり）が京都へ入っている。ここから会津藩の悲劇が始まるのだ。つまり、この時、京には尊攘激派によるテロの嵐が吹き荒れていたのである。

歴史の表（おもて）でみる文久二（１８６２）年から三年にかけて、何が起きていたか。

文久二年一月十五日、江戸城坂下門外で老中安藤信正が襲撃された。「坂下門外の変」である。前々年の「桜田門外の変」に続いて、政府首脳が襲われたのである。二月十一日には、第十四代将軍徳川家茂（いえもち）と和宮の婚儀が執り行われ、幕府は公武合体を推進しようとする。その中を、四月に薩摩藩父島津久光が藩兵を率いて上京、そのまま翌五月、勅使大原重徳を奉じて江戸に下向、幕政にコミットする形となり、結果的に松平春嶽の「政事総裁職」、一橋慶喜の「将軍後見職」を実現させてしまう。ところが、京都への帰途、東海道生麦（なまむぎ）村で「生麦事件」を起こしてしまうのである。

この年の京都は、尊攘激派によるテロが燃え盛る無法地帯と化し、政局は波にもまれるように激動していた。このような情勢を受けて、会津藩主松平容保が松平春嶽に押しつけられるような形で京都守護職就任を受諾、その年も押し迫った十二月、藩兵千名を率いて京に着任したのである。

明けて文久三（1863）年三月、遂に将軍家茂が上洛、四月二十日に「攘夷の実行」を五月十日と奏上せざるを得ない局面に追い込まれる。その五月十日、長州藩の〝跳ね上がり〟久坂玄瑞一派が本当に関門海峡を通過する外国船をいきなり砲撃するという暴挙を敢行、当然のことながら逆に報復の軍事行動を起こされ、長州藩の主要軍事拠点は英米仏の陸戦隊に簡単に占拠された。更に七月には、前年の「生麦事件」の報復としてイギリス艦隊が薩摩藩鹿児島市街を砲撃した。そして、京と朝廷における長州の専横に対して孝明天皇とその周辺の怒りが遂に爆発、長州藩士と長州派公家は「朝敵」として京都から追放されたのである（「八月十八日の政変」）。

このように、文久三年という年は、昭和維新という名の暴力の嵐が吹き荒れ、軍国天皇原理主義が専横を極めた昭和十一（1936）年と似たような、原理主義者が暴走した年であった。

上州高崎在近江屋豊七は、こういう騒乱と表現してもいい年に、時に鼻の下を伸ばすような楽しい観光旅行に出かけているのだ。

人が生を紡ぐ一コマ一コマを歴史と呼ぶならば、幕末動乱の当時も、異常なことは天候程度の今も、これが歴史におけるリアリズムの一側面であるといえるのではないか。

例えば、私が社会へ出て間もない昭和四十五（１９７０）年、世は高度成長期の真っただ中、大阪ではアジアで初めてという万国博覧会が開催された。経済発展、企業利益のみを追求することにしか関心をもっていない人びとに警告を発するかのように、この同じ年に共産主義テロリストに「よど号」が乗っ取られ、十一月には天皇絶対主義の国粋主義者でもある三島由紀夫が自衛隊を蜂起させようとして失敗、市ヶ谷駐屯地内で割腹して自害した。介錯したのは、水戸学を信奉していた学生森田（もりた）必勝（まさかつ）である。私事ながら、私が結婚したのもこの年のことであった。

少し時間の幅を広げれば、丸の内の三菱重工本社ビルの爆破、連合赤軍集団リンチ殺人、「あさま山荘」事件、アムステルダム空港銃撃、テルアビブ空港銃撃、新宿追分交番爆破等々、日本人共産テロリストは国の内外で殺戮を重ねていたのだ。

大阪万博には、初めて電気自動車や携帯電話が登場し、人びとは繁栄する機械工業社会の更なるバラ色の未来を信じて疑っていなかった。一方で、昭和維新、明治維新と呼ばれる時代と本質的には同じようなテロが、繰り返し実行されていたのである。

維新と呼ばれる時代のテロの主役が、天皇神聖、天皇絶対を唱える〝極右〟勢力であったのに対して、戦後日本のテロの主役は、人間社会にも〝自然の摂理〟が作用することを否定するマルクス・レーニン主義者の範疇に入る〝極左〟勢力であった。これは、非常に乱暴な区分の仕方であるが、右翼、左翼という言葉の意味すら知らない成人が増えている現状を意識して、敢えて簡略な修飾文を付して述べている。

要するに、歴史という時間の流れを形づくっている一コマ、一コマに、ささやかなリアリズムを持ち込もうとしているに過ぎない。文久三年という一コマをどういう色で描くか、昭和四十五年という一コマをどういう形状で表現するかは、後の時代に生き、前の時代を検証する責任を負っている私たちの問題なのだ。

文久三年に京都ではテロが横行していたことは、事実である。重大な政変があったことも事実である。そして、近江屋豊七という若い商人が、四ヵ月余の長い観光旅行を楽しんだことも事実なのだ。

もっとも注意しておきたいことは、何の政治的意図ももたない豊七の旅が決して特殊なものではなかったということである。人類史上稀にみる永い平和を維持した江戸という時代も後半の円熟期に入ると、豊七のような町方の庶民だけでなく村方の庶民、即ち、百姓に至るまでが旅を楽しむということが普通になっていたということなのだ。幕末にもなると、このような〝普通〟の蓄積があった。人生の一コマとしての

〝普通〟とは、多少のことでは急に停止することはないのである。

私たちは、江戸期の庶民を、土地に縛られ、厳しく移動も制限されていた、搾取されるだけの哀れな存在としてしかみてこなかったのではないか。武家階級を一律に支配層と位置づけ、村方町方を問わず庶民階級を被支配層として抑圧されるだけの存在であったとする幼稚な歴史観しかもち合わせていなかったのではないか。これもまた官軍史観そのものであり、更にいえば、戦後知識人といわれたマルクス経済学講座派とみられる学者たちが得意とする階級史観を振り回して補強した、偽りに満ちた歴史観である。

豊七を紹介した高橋敏氏は、次のように述べる。

――この半世紀、なにやかや江戸時代史研究にかかわり、終焉が間近に迫ったひとりとして来し方を振り返って複雑な思いにとらわれることがある。学界、アカデミズムの奔流に乗って、江戸時代はきたるべき明るい近代のために否定さるべき暗い封建時代の前代として、崩壊・解体されるべき対象としてひたすら分析・解剖することに、多くの時間を費やしてきた感がする。やや言いすぎかもしれないが、変革のドグマを裏づけるため、検地帳や年貢割付状・

皆済（かいさい）目録などの公文書から支配・被支配の階級対立をひたすら析出し、これに幕府公式記録にもとづく政治史を加味した百姓一揆を主役とする近世史研究が主流をなしていた。かくして知らず知らずのうちに江戸時代のあら探しに専念してきたのではないかと、いまさらながらに忸怩（じくじ）たる思いがある。

――（『江戸の平和力』）

氏のこの述懐に対して、私は心から敬意を表し、その思いに基づく考察から一つでも多くのことを学びたいと考えている。

旅をする。巡礼の旅と称しながら実態は物見遊山の旅ができる。平和なればこそ、である。豊七の旅も、まさに江戸の平和の恩恵そのものであったといえるだろう。

旅だけではない。田畑を手に入れ収穫を増やす努力が報われることも、商売を拡げることも、子供を塾に通わせ、その未来に夢をかけることも（江戸期のことである）、すべて平和の恩恵である。平和なればこその人の営みである。中でも物見遊山の旅が普通にできる、誰でも観光旅行ができることほど平和の証となるものはないであろう。

江戸期の庶民は、女だけでも旅をした。中には、死ぬ前に一度という願いを抱き、旅先での死を覚悟した文字通りの「死出の旅」に出かけ、〝予定通り〟目的地で病死した者もいた。

旅ができるということは、それに必要な路銀（旅費）を蓄えることができたということである。そして、宿や街道というインフラが整っていたということでもあり、旅を企画する情報が入手できたということであり、旅先から便りを出せる通信システムが整っていたことをも意味するのだ。更には、女だけでも旅ができるだけの安全が確信できたということを重視しなければならない。

江戸幕府は、インフラの整備だけでなく、民間人の旅の安全・安心を視野に入れてさまざまな法令を出し、これらは見事に遵守されている。今どきの企業は、コンプライアンス（法令遵守）という言葉をうるさいほど口にするが、現実には法令など殆ど守っていないという大企業が数多く存在する。私自身が、そういう大企業を幾つも知っており、その違法性をいつでも証明することができる。私の知るこの種の下劣な大企業は、上質な江戸社会ではとても生きていけなかったであろう。

昨今の下劣な大企業のことはさて措き、幕府は旅人の保護に関して実に手厚い対応を、差別なく一様に保証したのである。

例えば、旅人が発病した場合は、名主は道中奉行へ報告する義務を負っていた。その上で、投薬をするなどの手当てをすることになっている。万一病死した場合は、代官所手代或いは地頭役人、宿中年寄立合いの上で埋葬し、その経緯詳細を手代、役人を通じて道中奉行に報告することになっていた。

また、病人の在所が判明した場合は、それがどれだけ遠国であっても通知しなければならず、親族が希望すれば無事に引き渡さなければならない。仮に療養して回復し、次の目的地へ旅立ったとしても、それまでの経過を「宿継」「村継」で逐一各道中奉行へ知らせることになっていた。

実に手厚い対応であるが、これに伴う費用はどうなるのか。親族が負担するというケースは、何も問題はない。それが不可能な場合は、宿中全体が負担することになっていた。

要するに、社会全体で救済する仕組みが存在したということである。幕府は、「徳川の治世」の誇りにかけて、その治世下で旅の行き倒れなどという不幸を出さないという確固とした意思をもっていたとみられるのだ。幕臣が常に意識した東照神君徳川家康の遺訓がある。

——今天下の執権を天道よりあづけたまへり。政道若邪路にへんずる時は、天より執柄(しっぺい)たちまち取りあげ給ふぞ——

自分は天道から天下を預かったのであって、もし自分たちが道を誤り悪政を行えば、天はたちまちそれを取り上げてしまうだろうと警告しているのだ。そんなものは単なる建前に過ぎないと、例によって〝斜に構えて〟一笑に付す向きも多いことであろう。しかし、建前であったとしても、「神君の遺訓」が幕府のみならず各藩に至るまで「治世」の重しの役割を果たしていたことは紛れもない事実なのだ。

先に「死出の旅」に出た者さえいたと述べたが、高橋氏はその実例も紹介している（『江戸の平和力』）。

伊豆長浜村勘助、二十四歳。癩病(らいびょう)（ハンセン病）を患い、死を覚悟した。家族は、母きみと兄夫婦とその子、そして姉の六人家族であった。勘助は、現地での死を覚悟して、草津温泉への旅を決意する。母と兄が旦那寺安養寺に頼み込んで発行してもらった「往来一札」（往来手形）と、家族親族が出し合ってくれた路銀をもって、弘化四（１８４７）年二月三日、大野村の宇佐衛門に付き添われて出立、十三日草津温泉六兵衛の宿に着いた。

薬湯草津温泉での湯治を目的としながらも、これは草津を死に場所と定めた死出の旅であったのだ。安養寺住職も、その前提で心のこもった「往来一札」を書いている。本人が病死した時は現地の慈悲ある作法で処置していただきたい、当方へわざわざ連絡していただくには及ばない、ついでのあった時にでもお知らせいただきたいと書き添えている。

勘助は、思いのこもった路銀と、それ以上に痛切な思いやりの込められたこの「往来一札」を懐深く携帯して、死出の旅路の一歩一歩を踏みしめて草津に向かったに違いない。

入湯二ヵ月。付添人宇左衛門は、勘助を宿主六兵衛に託して帰村した。去るに際して宇左衛門は、勘助の死は親類縁者も承知していること、死後の国元への照会などは負担となるので定めに従い草津の作法による簡便な処置をお願いしたい旨、六兵衛に依頼している。併せて、葬儀費用の一部として、金一両二分を託した。

七月二十二日、勘助は死去した。六兵衛と五人組は村役人に届け出。勘助の旦那寺安養寺発行の「往来一札」が「御取用」となり、草津光泉寺が請け合って、埋葬された。葬儀費用は六兵衛が宇左衛門から預かっていた一両二分と勘助自身が預けておいた一両二分、合計三両で賄われたのである。

この勘助の一件は、実は〝死出の片道切符〟とも言うべき往来手形を発行した長浜村安養寺に通知されていたのだ。高橋氏が安養寺の過去帳を繰って、このことを確認した。これによって、家族親類縁者、関係者一同は、戒名も付け、法要を営むことができたのである。

高橋氏は怒る。「近代国家のハンセン病者に対する冷酷な仕打ちとくらべてほしい」と。

勘助の死出の旅は、江戸幕府治世下の一シーンに過ぎない。しかし、このシーンのみを以てしても、江戸社会と「維新以降の近代日本」のどちらが上質な社会であるか、敢えて言うまでもないであろう。

2　「元和偃武」という時代コンセプト

上州高崎の豊七、伊豆長浜村の勘助、それぞれ目的も形も異なる旅をした二人。楽しい物見遊山の旅であれ、覚悟を決めた死出の旅であれ、旅ができるという時代であったことに私たちはもっと注目すべきなのだ。「徳川の平和」という言葉があるが、それは確かに徳川家康を祖とする徳川政権が、切実に希求して止まなかった社会であった。

薩摩・長州が後世「明治維新」などと称しているクーデターによって幕府を倒してから後の時代を、私たちは「近代」と呼んでいるが、対照的に特にその前半は戦争に明け暮れた時代であった。

そういう「近代日本」とは、数えてみればようやく百五十年である。百五十年という時間は決して短くはないが、二千七百年近くの歴史をもつ我が国においては〝たかだか百五十年〟であろう。

近代日本は、たかだか百五十年程度の時の流れしか経験していないが、近世は、江戸時代だけでもそれより百年以上長かった。そして、元和年間以降は対外戦争は勿論、国内においても一切戦(いくさ)というものを許していないのである。

具体的には、「大坂夏の陣」で豊臣宗家を倒すと、江戸幕府は元号を「元和(げんな)」（元年・1615年）と改めた。「元和」という言葉そのものが、「平和」を意味する。

これは、ようやく長い戦乱に終止符が打たれ、ここから天下は安定、平和に向かうという、幕府が天下に発した「平和宣言」であった。歴史的には、これを「元和偃武(げんなえんぶ)」と呼んでいる。

偃武とは、中国の古典に由来した言葉で、「武を偃(ふ)せる」、即ち、武器を偃せて倉庫に収めることを意味する。つまり、戦の停止、戦争放棄を宣言したものである。

この「元和偃武」という平和宣言とも言うべきフレーズ自体は、後世に言われたものであるが、とにかく政権も人びとも永らく続いた戦乱の時代＝乱世にうんざりしていたのである。もういい、もういい加減にして欲しいという怒りや悲しみを含んだ時代の気分が充満していたのだ。

この気分は、秀吉の時代から熟し始めていた。秀吉は「惣無事(そうぶじ)」を宣言し、公儀（豊臣政権）が認めない戦、武力行使を一切認めないとした。天下に戦闘の停止を求め、私戦を禁止したのである。秀吉の小田原攻めや奥州仕置きは、北条一族や伊達政宗が「惣無事」に反する行動をとったことが原因となっている。同時に秀吉は、「喧嘩停止令」「刀狩令」「海賊停止令」を発し、「惣無事」を盤石なものにしようとした。「喧嘩停止令」は、村と村の争い（争論）を意識したものである。「刀狩」も、百姓から武器を取り上げることを目的としたものであった。

乱暴な言い切りをすれば、中世とは「自力救済」の時代であった。自分の身は自分で守り、自力で生き抜く力がなければ生きられないという苛酷な世であった。

戦国期になると、村（惣村）が成立する。一人ひとりでは生き抜けない百姓が村として団結し（一味同心）、惣掟を定め、裁判権さえ行使し、万事村を単位として生き抜くことを目指したのである。

このことを、惣村の自治の成立などとアカデミックな表現を多用して高く評価する学者がたくさんいるが、実態はそのような生易しい世界ではないのだ。掟を破って鞭打ちのような刑を受ける者もいれば、死刑になった者さえいる。隣村との争論勃発となれば、衆議決定に従って村民全員が武装し、隣村との戦となる。領主が仲裁して和議の証として誰か一名を差し出すことになれば、誰かが隣村との和平のために殺される役を負わなければならない。

百姓は弱くて可哀相な哀れな存在などというのは、ステレオタイプの歴史物語の中のことであって、彼らは、この領主は村の役に立たないと判断すれば、領主を追い出しにかかることもあれば、時に領主と一戦交えることすらあったのだ。

すべては「自力救済」、仮に裁判に勝ったとしても相手がそれに従わなかったら、判決を執行するのは自分なのだ。この土地は自分のものだと裁判で認められたとしても、相手がそれに従わなかったら自分の力で追い出す、奪い返すしかないのである。戦国期の村が常に武器を保有しているのは、自力救済の精神で我が身を守る、時には我が身を守るための攻撃を行うためである。黒澤明監督の映画『七人の侍』は、こういう村の姿を割り合い正直に描いている。

私たちはこの時代を戦国時代と呼んでいるが、それは「応仁の乱」以降、約百五十年も続いたのである。百五十年といえば、今私たちが生きている近代という時代と同じ長さの時間である。

つまり、戦乱の百五十年と近代戦争の百五十年に挟まれている時代が、江戸時代という稀有な「平和が持続した時代」ということになるのだが、戦乱の百五十年が余りにも苛酷であったが故に、人びとの平和を希求する気持ちが強烈に膨れ上がり、何が何でも平和を、という気分が社会の隅々にまで染み渡ったとみることができるのである。

この、もう戦は嫌だ、もういい加減にして欲しいという、戦国終末期の時代の気分というものを、私たちは可能な限り洞察しておく必要がある。それなしで江戸期を理解することは、できないのである。

そのために、戦国社会の実相の一端に触れておきたい。戦国の戦とはどういうものであったか、私たちは意外に知らないと、敢えて言い切っておきたいのだ。

戦国期の合戦に参加していた者は、ほんの一部、具体的には一割程度の武士と、「侍」「下人」そして、徴用された百姓であった。ここでいう「侍」とは、「悴者（かせもの）」「若党」「足軽」の総称であって武士とは根本的に異なる。「中間（ちゅうげん）」「小者」「荒らしこ」などを「下人」と総称し、彼らの仕事は槍を持ち、馬の口をとって主人である武士の戦闘を助けることであった。そして、村々から徴用された百姓は「陣夫（じんぷ）」「夫丸（ぶまる）」などと呼ばれ、物資の運搬に当たった。実際の戦闘に参加するのは武士と「侍」までであって、「下人」「陣夫」には合戦に参加する資格はなかった。とはいえ、武士と「奉公」関係を結んでいるか否かの相違があるだけで、「侍」も「下人」もその出自は殆ど百姓である。

更に、戦国期の合戦には意外に傭兵が多いのだ。気候が寒冷化したこともあって、世は、凶作、飢饉の連続であった。合戦で「刈田狼藉」に遭って、耕作できなくなったというケースも多い。あとは、戦場へ行くしか食う道がないのである。「悪党」と呼ばれたゴロツキや山賊・海賊の類も戦場に集まった。侍、下人にとっても、百姓の次男坊、三男坊にとっても、ゴロツキたちにとっても、戦場は稼ぎ場であった。特に、端境期の戦場は、これ以外にはないという切羽詰まった稼ぎ場であったのである。商人たちにとっても、戦場はまたとない稼ぎ場であったのだ。

戦場に商人とは意外に思われる読者も多いだろうが、このことはひとまず措くとして、雑兵である侍や下人・陣夫、更には傭兵たちは、何を、どうやって稼いだのか。ひと言でいえば、人と物を掠奪したのである。それが稼ぎであり、合戦とは突き詰めれば「濫妨狼藉」、即ち、「乱獲り」の世界、もっと具体的にいえば掠奪、放火、強姦の場であった。それを実行していたのが、侍以下の百姓たちであったのだ。藤木久志氏は『雑兵たちの戦場』(朝日新聞出版)において、次のように述べている。

——これまでの多くの研究は(私も含めて)、戦場の人や物の掠奪を見ても、捕虜や現地調達は戦争の常とし、女性や子どもの生捕りや家財の掠奪にまで免罪符を与え、戦場の村の苅田や放火も「刈り働き」「焼き働き」などと呼んで、大名の戦術だけに矮小化し、戦場の村の安全を保証する「制札」に注目しても、その裏にある村の戦禍に目を向けず、人身売買を論じても、戦場の奴隷狩りは問題にもしなかった。民衆はいつも戦争の被害者であった、という類いの記述も、至るところにあふれていた。だが、その叙述は具体的な事実との間の緊張を欠き、民衆は哀れみの対象でしかなかった。私にはその反省がある。――

つまり、戦国期の戦場で繰り広げられた人と物の掠奪とは、捕虜としての掠奪ではなく、また食糧の現地調達という意味での掠奪に留まらないものであって、奴隷狩りとしての人の掠奪、稼ぎとしての物の掠奪であったということだ。そして、戦国前期は特に、この掠奪が合戦の目的になっていたことも多かったのである。

日本国南端、薩摩の島津氏は、北上に北上を重ね、天正十四（１５８６）年頃にはかつて九州全域に君臨していた大友氏を豊後に閉じ込めるまでに勢力を拡張していた。以下は、合戦に次ぐ合戦を重ねた、その過程での島津軍についての記録のごく一部である。

・五十余人討取り候、男女・牛馬、数知れず取り候

・頸数二百三十六、生捕り多し
・敵二人打取り候、この外に十五、六の童子壱人、生捕りにて、のき候
・打取廿八人、取人四十人、具足七百取る
・六十人打死、肝付の人を取ること四百人余り

「打取り」とは、首を取ることであるが、「生捕り」は殺さずに捕獲することであり、これが対になっている。そして、「生捕り」の方が圧倒的に数が多いのだ。

このような実態は、島津軍のみのことではない。以下は、肥後人吉の相良氏の合戦記録の一部である。

・敵千余人打取り、いけ取り惣じて二千人に及ぶ
・打取り五人、生取り五十三人、牛馬三十疋
・伏草候て、海にすなどりに出候者、三人打取り、八人いけ取る
・小野の者、薪採り候を、七人取り候

「伏草」とは「夜討」と同様に忍びの工作であって、雑兵が掠奪目的のゲリラ戦を仕

掛けているのである。海へ漁に出てきた者や山で薪を採っていた者までを生捕りにしている。

北上して、一時期〝歴女〟に人気の高かった伊達政宗の戦場をみてみよう。

・くび三百あまり御前へ参り候、いけどり、きりすて、そのほか数は知れ申さず候
・首八つ、いけどりあまた、とり申され候
・わたりより、はな廿四、いけどり廿人余り、とり申し候よし御注進

伊達軍の「首取り」「鼻取り」や「作荒らし」「いけどり」などは実に大がかりで、「くさいり」「草いだし」と呼ばれた忍びの雑兵ゲリラがしきりに生捕りに励んでいた。

なお、ここでいう「鼻取り」とは、鼻を削ぐことを言う。首を取るのは、直接的には自分の戦果を証明するためであるが、討ち取った敵の首は大概腰にぶら下げる。これが三つ、四つと増えていくと重くて次が戦い難く、我が身が危険でもある。そこで、討ち取った敵の鼻を削ぎ落とし、これを「敵を殺した証明」として首の代用にするのだ。首の数と同様、この数が「恩賞」に直結する。

い。

戦場へ押し寄せた侍以下の雑兵たちは、放っておけば先ず村に放火し、百姓の家に押し入って食糧、家財、そして人と、何でも掠奪する。時に、強姦なども普通に行われる。この乱獲りは、放火と人捕り、物取り、強姦がセットになっていると考えていい。

実は、合戦の時だけではない。永禄十一（1568）年、織田信長・徳川家康が上洛した時、両軍の雑兵は京の都で早速乱獲りに熱中し、最後は古い烏帽子一つを奪い合って両軍の雑兵が戦闘を始めてしまったという記録がある。

また、五年後の天正元（1573）年に信長が上洛した時も、総勢一万といわれた信長配下の部隊は凄まじい乱獲りを繰り広げている。つまり、乱獲りは戦場が村々である場合だけでなく、都市においても全く同じように行われたということだ。

徳川体制になってからもまだ「大坂の陣」の頃には大坂の町中で激しい乱獲りが繰り広げられ、この様子は『大坂夏の陣図屏風』にもはっきり描かれているから、広く知られているところである。要するに、指揮官が放っておけば、雑兵たちは確実に乱獲りに走るのである。彼らは、そのために参陣していることを忘れてはならない。

となると、指揮官である戦国大名は、時にこれをコントロールしなければならない。組織戦を意識し、そのための組織行動を求められるようになると、百姓たちを食わせるために出陣してきた戦であっても常に野放図に放っておく訳にはいかない。そこで「陣中法度」を発することになる。

ところが、多くの陣中法度に共通していることだが、指揮・命令に反してやってはならぬ、指示の出る前に勝手にやってはならぬ、という意味の法度になっていることが多い。逆に読めば、作戦命令の範囲内であれば、許可が出れば構わないということになる。

これは、屁理屈ではない。天正十八（１５９０）年、秀吉の命に従って北条攻めの中核を担った徳川家康が自軍に出した「陣中法度」では、「下知なくして、男女を乱取りすべからず」となっている。また、同じ北条攻めの際の加藤清正の部隊では、「御意なき以前」はやってはならぬ、となっている。「下知なくして」「御意なき以前」はＮＧなのだ。下知があればＯＫということになり、事実、何らかの下知は出るものであり、戦国社会の濫妨狼藉、乱獲りは、部隊ぐるみ、組織ぐるみの行為であった。

武田信玄が信州へ攻め入った時のこと。大門峠を越えた辺りというから今の茅野市、立科町辺りであろうか、ここで全軍に七日間の休養が通達された。「下々いさむ事かぎりなし」とあるから、雑兵たちは喜びに歓声を挙げたことであろう。早速、一帯の村々を襲って「小屋落し」「乱獲り」「刈田」を繰り広げたのである。近在の村々を三日間で荒らし尽くし、もう荒らす村もなくなってしまったので、四日目からは遠出しての乱獲りとなり、朝早く陣を出て、夕刻帰ってくるという有様であったという。勿論、獲物をたくさん手にしての帰陣であったことは言うまでもない。武田軍が休暇をとった地域こそ、いい迷惑であった。

武田信玄は、信越国境を越え、上杉謙信の春日山城の近くまで侵攻したことがあったが、その時も近在の村々を放火し、女子供を大量に生捕った。武田の兵は、奪った越後の人びとを甲斐に連れ帰り、自分や一族の奴隷（召使）として使ったり、売り払ったりして潤ったのである。この時の合戦は、春日山城まで迫りながら、城を落とすとか越後の一部でも占領するという意志は全くみて取れず、乱獲りそのものが目的の合戦であったとしか思えない。

城攻めは城攻めで、これに成功すると褒美として乱獲りが認められていた。信玄が、上野（こうずけ）の箕輪城（小幡図書介）を攻め落とした時、「武田の家のかせもの、小ものの、ぶども迄、はぎとりて、その上、図書介が居城にて、次ぐ日まで乱取り多し」という無法が繰り広げられた。つまり、武田軍の悴者（侍）から下人である小者、百姓の陣夫に至るまでが、城を足場に翌日まで城下で追い剥ぎをかけ、乱獲りを繰り広げたというのである。こうやって、武田領内の侍・下人・百姓といった雑兵たちは、戦を重ねるごとに「身なり、羽振り」が良くなっていったという。

武田の正規の武士団は、確かに強い。以前何かの書き物に書いた記憶があるが、「乱取りばかりにふけり、人を討つべき心いささかもなく」と、雑兵たちの行状を嘆く視線も確かにあったが、武士の戦闘を妨げない限り、乱獲りは勝手、というのが、武田軍の基本方針であった。

百姓たちには「御恩」と「奉公」という思想は根づいていない。益して武士道、もののふの道など、精神の埒外であったろう。仮に命がけで闘ったとしても、恩賞を与えられる訳でもない。そういう百姓たちを、下人として陣夫として、或いは侍・足軽として動員するには、時に乱獲り休暇を与え、落城させた後の火事場泥棒のようなご褒美乱獲りを許しておかざるを得なかったのである。

このように、戦国期の合戦とは武士対武士の戦というよりも、実態としては百姓対百姓の争いであり、殺し合いであったのだ。食うためには、生きるためには、戦場へ出て、相手を殺してでも何かを獲ってくるしかなかったのだ。

時に、戦国大名同士の合戦ではなく、村と村の争い＝争論としての戦もやった。全村武装して隣村と殺し合うことになる。かくして百姓は、か弱い存在では生きてはいけず、強く、逞しく、したたかにならざるを得なかったのである。

それは、苛烈な日々であったろう。祖父の時代も、父の時代もそうであった。これが、我が子の将来にも続くのか。もういい、もう嫌だという思いが切実に社会に満ちてきても当然といえば当然なのだ。殆ど語られないが、このような時代の気分が徳川の世創りを背景として後押ししたことを軽視すべきではない。

徳川に先立つ秀吉の掲げた「惣無事」という一種の平和宣言も、明確に兵農分離を目指した点で一定の評価を得ていいものであろう。これは、秀吉の天下統一という支配原理が社会の平和化にあったとする藤木久志氏らの見解に通じるものである。

これには、「惣無事令」の根拠となっているものが個別の領主に対する手紙などに過ぎず、法令といえるものではないという反論がある。確かに秀吉の「惣無事令」とは、一つの政権が一方的に領主たちに発した命令という形式を採ってはいない。加えて、「惣無事」という言葉は、信長を始め他の戦国大名も使っていることは事実である。

しかし、「令」といえるかどうかは別にしても、秀吉が「惣無事」という言葉と考え方を掲げ、乱世と呼ばれた戦乱の世を何とか鎮めようとしたことは紛れもない事実である。そして、「刀狩」や「人身売買停止」などの具体的な施策を講じた点で信長までのそれとは明らかに次元が異なるものなのだ。

徳川家康になると、この意思が更に〝進化〟する。

家康は、信長と秀吉の治世、治世の方向観を知悉（ちしつ）している。そして秀吉の国内統一の為の「惣無事」と武断的な対外政策との間に大きなギャップがあることも認識していたはずである。

家康は、慶長八（１６０３）年、後陽成（ごようぜい）天皇によって征夷大将軍に任じられたが、同十（１６０５）年、これを嫡男秀忠に継がせた。つまり、家康の将軍在任期間は僅か二年強であった。これは、徳川家が将軍職を世襲していくこと、即ち、徳川政権の成立を天下に示したものとされている。但し、同十二（１６０７）年、駿府城に移り、「江戸の将軍」「駿府の大御所」といわれる「大御所政治」を執り仕切り、政治上の実権を掌握し続けた。

徳川家康
(Bridgeman Images/時事通信フォト)

そして、平和宣言ともいえる「元和」改元が行われたのは、「大坂の陣」で豊臣家を滅ぼした慶長二十（１６１５）年である。この改元は明らかに徳川政権の意向によって行われたもので、我が国の元号で中国の元号がそのまま使われたのは、この「元和」のみなのだ。一部公家からは強い反撥もあって、この後は再び伝統的な改元手続きに戻され、幕府がこれを承認するという形が採られた。

なお、徳川政権が「禁中並公家諸法度」を定め、これを施行したのは、元和改元の四日後のことであった。

斯様に、元和改元には徳川政権の、即ち、家康、秀忠の治世に対する強い意思が働いている。この時、「関ヶ原の合戦」から既に十五年も経っている。家康には、年齢からくる焦りもあったことであろう。しかし、そこは家康らしく、泰平構築の阻害要因を一つひとつ取り除いていった上での、もう戦いは許さぬ、世は泰平であらねばならぬという満を持した平和宣言ではなかったろうか。後世、「元和偃武」という言葉でこのことが表現されたことが、政権の強い意思が込められていたことをよく表わしている。

つまり、「元和偃武」とは徳川政権が設定した「時代のコンセプト」であったと考えられるのだ。そして、徳川政権はこれを「仕組み」によって維持しようとした。何が何でも平和であらねばならぬという強い思いがさまざまな独自の仕組みを生み、結果として二百五十年もの長期に亘る平和な時代を現出させたのである。それは、偶々二百五十年にもなったというものではなく、明確な「時代のコンセプト」が存在したからこそ実現したものであることを認識しておかなければならない。

私の幼い頃、村のはずれに「南無阿弥陀仏」とか「〜安泰」と彫られた石柱が忘れられたように黙して立っていた。一部が朽ちていて、読めないものもあった。前節で紹介した高橋敏氏が、フィールドワークの過程で同じ種類のものを発見し、調査している。

その中の幾つかは巨大な石造物で、氏は富士山東麓裾野市の庚申塔（こうしんとう）に注目している。この辺りは、駿河の今川氏、徳川氏、甲斐の武田氏、相模の北条氏が入り乱れて戦った文字通りの戦乱の地であった。

塔の正面には、次の文言が刻まれていた。

天下和順　日月清明　風雨以時
災厲（さいれい）不起　国豊民安　兵戈（へいか）無用

天下は和順、日月は清明にして、風雨は四季それぞれの時候相応に、災害は起こらず、国は豊かに民は安らけく、もう戦いはいらない、という意味になる。最後の「兵戈無用」の一句が印象的である。建立されたのは、「元和偃武」から五十七年を経た寛文十二（1672）年。高橋氏は言う。

——戦国乱世の戦禍を十二分に味わわされ、いま平和の江戸時代に生きる葛山村民一八人が、泰平の世の永続を祈願して建てたのである。「兵戈無用」（もう二度と戦争は御免蒙りたい）の文言は、江戸の平和を乞い願うメッセージではなかろうか。——（『江戸の平和力』）

人類の歴史上、二百五十年もの間平和が維持されたという事例は、この徳川政権下の江戸期日本しか存在しない。そこで「パックス・ロマーナ」や「パックス・ブリタニカ」という世界史上の表現に倣って「パックス・トクガワーナ」という表現を使う論者がいるが、「徳川の平和」とは日本史においてのみならず世界史においても評価されて然るべきであり、その意味では十分頷ける言葉である。

ところが、学者がこの表現を批判する。

曰く、戦争さえしなければ平和というものではない、江戸時代の民衆は圧政に苦しんでいた、パックスというには範囲が狭い等々である。

これらは、何でも世界史を基準とする学者の〝言葉遊び〟であり、圧政に苦しんでいたなどという論はそれこそ古い薩長史観のままであって、こういう反論には全く建設的な意味はない。

戦争をしないということは、平和の最低限の必要条件であろう。「パックス・トクガワーナ」という表現が嫌なら使う必要はない。大事なことは、「徳川の平和」が政権の能動的な意思によって構築され、それが二百五十年という世界史上においても例をみない長期に亘って維持されたという事実である。

左翼だ、反日主義者だというレッテル貼りが再び盛んになっているので付言しておくが、平和の構築と維持とは生半可な知識と精神でできることではない。私たちが「徳川の平和」から学ぶべきことは膨大であり、深遠であり、多岐に渡るのである。

3　歴史人口学と人口問題

明治新政府の開化主義者たちは、「文明開化」を唱え、西欧を崇拝するあまり昨日までの「江戸日本」を「非文明」「野蛮」と決めつけ、江戸期日本を全否定した。愚かなことである。

彼らに否定された江戸期日本には、政権の確固とした意思として「元和偃武」と呼ばれる、何が何でも平和であらねばならないという時代のコンセプトが存在したことを述べてきた。これが時代を貫く軸となって、江戸期日本は人類史上例をみない長期に亘る平和な社会を現出させたのである。

二百五十年にも及んだこの平和な時代は、偶々結果として二百五十年にもなったのではない。平和とは、それを維持しようという強い意思とそれに基づく仕組みが存在しない限り継続しない、脆いものである。「徳川の平和」と呼ばれたこの泰平の時代には、どういう仕組みがあり、どういう人びとの営みがあったのであろうか。

本章第1節で、伊豆長浜村勘助の死出の旅について述べた。その際、私は、

「家族は、母きみと兄夫婦とその子、そして姉の六人家族であった」

と述べた。

私は、本書において江戸の社会を考えるについて、実に多くの研究者の研究成果の恩恵を受け、数ページに一覧するだけではまとめ切れないほどの資料や史料の助けを借りている。真に有難いことである。

それにしても、どうして幕末弘化四（1847）年に草津温泉で若い生涯を閉じた勘助の年齢や家族構成を知ることができるのか。勘助の往来手形などが幸いにも残されているが、それだけでは家族構成までは分からないのだ。

実は、その時の勘助の家族の名前も年齢も判明しているのだ。兄嘉七三十九歳、その妻こう三十一歳、その娘りん三歳、そして、母きみ五十七歳、姉ちま三十三歳である（いずれも数え年）。当の勘助がこういう記録を残した訳ではない。

これは、歴史人口学の成果である。

歴史人口学――これは、もっとも新しい学問領域の一つで、戦後、もっとも急速な

進歩を遂げた社会科学の一ジャンルである。

ヨーロッパで国勢調査が始まるのは、ごく一部の国で十八世紀末、殆どの国では十九世紀のナポレオン時代以降である。従って、歴史学者もそれ以前の人口に関する指標は得られないものだと考えていた。

ところが、戦後間もない1950年代、フランス国立人口研究所のルイ・アンリが、キリスト教会には必ず備えつけられている「教区簿冊（きょうくぼさつ）」を使用した画期的な手法を開発した。それが「家族復元法」である。

教区簿冊には、信者の洗礼、結婚、葬儀（埋葬）というヨーロッパ人の人生の三大イベントに関する記録が、男女個人別に記載されている。例えば、洗礼記録には生まれて間もない子供の名前や両親の名前も記載されている。これを夫婦単位にまとめると、出産に至る状況が分かる。更に、遡ると両親の生まれた年を突きとめることもできる。埋葬記録からは、家族一人ひとりの死亡年月が判明する。

このようにしてアンリは、家族を復元していったのである。これを集合させると、信者の結婚年齢や出生率、乳幼児死亡率などの人口指標が計算できるのだ。これによって、フランスでは教区簿冊さえ残っていれば十七世紀半ば以降の小さな人口集団の人口動態を浮き彫りにすることができたのである。イギリスでは、1538年にヘンリー八世が教区簿冊を揃えるよう勅令を出しているので、十六世紀半ばまで遡ることができるのだ。

アンリの「家族復元法」は、個人のライフヒストリーを明らかにすることが可能になったという点で画期的な手法であった。これを留学先から日本へもち帰ったのが、速水融(はやみあきら)氏であり、それは前の東京オリンピック開催直前のことであった。

つまり、日本とヨーロッパに大きな差はないが、「家族復元法」を取り込んだ歴史人口学とはこの半世紀で急速に発展して驚くべき成果を挙げた新しい学門ジャンルなのだ。これによって、それまでせいぜい出生率、死亡率、結婚年齢程度までしか把握できていなかった江戸期日本の人口に関する指標が、比較すべくもないほど幅広く、深く、「人口動態」といっていいほど分厚く理解できるようになったのである。

しかし、発端の史料となった教区簿冊は、日本には存在しない。手法というものには普遍性はあるが、その手法が使える素材がなければ手法は有効にはならない。

ところが、江戸期日本には、皮肉にも教区簿冊を生んだキリスト教を禁止する目的で作成が始まった「宗門改帳(しゅうもんあらためちょう)」や「人別改帳(にんべつあらためちょう)」と合体した「宗門人別改帳」といった史料となる記録が、教区簿冊の比ではない緻密な内容を含んで存在した。

戦国末期にポルトガル、スペインの宣教師たちは、九州各地で激しい仏教弾圧を繰り広げた。キリシタン大名の領内では、キリスト教への強制改宗も行われたのである。キリスト教も所詮一元主義思想であって、他国へ押しかけてきてもなお、キリスト教のみが正義で他は邪宗と考えるところは、今も根っこのところでさほど変わらない。

戦場で生捕りにされた日本人を南方へ売り捌いたのも、主にポルトガル商人であった。そして、元締めとも言うべきイエズス会が、一時はこれを、輸出許可証を出して公認していたのである。南方へ売られた日本人は、およそ十万人とみられている。

これに怒った秀吉は、天正十五(1587)年、「伴天連追放令」を発令する。その第十条が「人身売買停止令」であった。

つまり、切支丹が日本人を商品として売っていたので、切支丹の取締りと人身売買の禁止は不可分のテーマであったのだ。そして、伴天連追放というとかなり厳しい禁令のように感じられるが、秀吉の「伴天連追放令」とは現実にはかなり柔らかいのだ。長崎を勝手にイエズス会領とすることや、それまで行われていた集団改宗を強制すること、神社仏閣を破壊することはさすがに禁止したが、大名の改宗を許可制にしたり、庶民に至っては自由であったりと、追放令というより、今流にいえば一部「信教の自由」を保証したような部分もあり、かなりソフトであった。むしろ、切支丹勢力の日本人弾圧を考えれば、甘いといっていいだろう。

日本侵略の尖兵であった宣教師たちは、二十日以内の国外退去を命じられたが、彼らはそれに従わず、仏教弾圧は停止したものの平戸に集結し、秀吉もこれを黙認した。秀吉の立場に立てば、南蛮貿易がもたらす利益を無視することはできず、宣教師たちもこの点を見透かしていたのであろう。

秀吉の伴天連に対する態度が硬化したのは、文禄五（1596）年に発生した「サン・フェリペ号事件」からであって、ひと言で迫害、迫害というが、これも明治の文明開化以降の〝何でも西洋〟主義者の一方的な主張に過ぎないのだ。勿論、秀吉時代全期を通じて迫害がなかったといっているのではない。

徳川家康も秀吉の路線を踏襲し、当初は〝穏やかな禁教〟政策を採っていたが、慶長十四（1609）年、切支丹大名有馬晴信と切支丹目付岡本大八の収賄事件（岡本大八事件）が発覚し、これ以降幕府は順次取締りを強化していく。なお、キリスト教禁止令という名称の包括した一本の法令は存在しない。

その過程で生まれたのが「宗門改帳」である。つまり、村や町を単位に「宗門改」といわれる信仰調査が行われ、その報告書である「宗門改帳」が領主に提出されるようになった。簡略にいえば、檀家個々について切支丹でないことを寺が保障するのだ。作成そのものは、庄屋や名主が行った。
ところが、秀吉の時代から領民に夫役を課す必要性から、領民の年齢や家族構成を調査することが行われており、これを「人別改」と呼び、これも江戸期に引き継がれていた。切支丹摘発は十七世紀末になると激減しており、「人別改帳」に宗旨を書き加えれば事足りるようになっていき、両方が合体した「宗門人別改帳」を作る藩が多くなったという訳である。

結果的に、我が国江戸期の「宗門人別改帳」は、今の戸籍謄本や租税台帳の要素を強くもつものとなり、藩の行政にとって欠かせない原簿となっていたのである。「宗門改帳」のみでも、作成したのが庄屋や名主であり、戦国期の村請（むらうけ）制度の伝統もあって、本来の報告事項以外の細かい補足情報が朱書きで書き込まれたものが多かったようだ。それは、ヨーロッパの教区簿冊などより遥かに豊富な人口に関する情報を含んだ史料となって、歴史人口学の地位を向上させるとともに、江戸期社会の実相を生々しく浮かび上がらせてくれたのである。

歴史人口学の成果として江戸期の人口や世帯の状況をみる前に、人口に関する基本的な指標について確認しておきたい。

今、日本の人口は何人か。

この、極めて初歩的な質問に答えられない学生が余りにも多いことに驚いている。当然、世帯数を聞いても無理であり、東京の人口は、という問いに答えられる学生が果たして何パーセントいるだろうか。「少子高齢化」という流行語のような言葉を、殆ど毎日のように耳にするご時世にしてこの有様である。

当然といえば、悲しいことではあるが当然のことながら、「合計特殊出生率（しゅっしょうりつ）」「人口の置換水準」「平均余命」「人口の自然増加と社会増加」「高齢化率」などといっても無理であろう。「少子高齢化」を云々するのなら、それを意味のある議論にするために最低限の人口情報は知っておきたいものである。

平成二十七（２０１５）年に国勢調査が行われたことを覚えておられるだろうか。国勢調査とは、国のもっとも基本的な統計調査で、人口や世帯数、職業別の人口や住居の種類等、人口と世帯に関する基本的な状況をすべての人と世帯を対象として明らかにする調査である。すべての人を対象とすることで、これはマーケティングリサーチ用語では「悉皆（しっかい）調査」といわれる。現実には調査票が百パーセント回収される訳ではないが、理論的には悉皆調査であり、極端な例を出せばホームレスの人も対象となっているのだ。

現政権では国家の基本的な統計さえ、不正が横行して歪められているが、国勢調査に限ってはそのようなことはあるまい。と信じていないと、この国には江戸期並みの「治世」という政治能力すら欠落しているということになってしまうのだ。

人口資料には、この五年に一度実施される国勢調査のほかに「住民基本台帳」があり、私の若い頃には精度を重視する場合には国勢調査結果を、最新時点の人口を求める場合には「住民基本台帳」と使い分けていたものだが、近年は総務省統計局が、最新の国勢調査をベースにした推計人口を毎月発表している。

では、国勢調査がベースとなっているこの総務省の推計値で、我が国の最新の人口をみておこう。

平成三十一（2019）年一月一日現在の我が国の総人口（概算値）は、1億2632万人である。この人口は、前年同月に比べると27万人減少している。我が国は、既に人口減少局面に入っているのだ。（総務省統計局人口推計資料）

国勢調査は、大正九（1920）年に始まった。その時の人口は、5596万3000人であった。その後、大東亜戦争中も含めて一貫して人口は増え続け、高度成長期のピークに当たる昭和四十五（1970）年には国勢調査では初めて1億467万人と、1億人を突破した。経済成長は凄まじく、物価も上がるが、給料は有能・無能に拘らず誰でも毎年上がり、コピー機が登場し、コンピュータなるものが現れ、社員数は増え、当然人口は膨れ上がるものと、人びとは万事世の中の〝数字〟は「右肩上がり」と信じて疑わなかった時代であった。しかし、この時点で既に、五十年先には人口の減少局面に入るであろうことは分かっていたのである。

現実に、平成二十二（2010）年に1億2806万人という史上最大の人口を記録したものの、五年後の平成二十七（2015）年、1億2711万人と国勢調査開始以来初めて前回調査の人口を下回ったのだ。五年間に減少した人口は、94万7000人、年平均減少率はまだマイナス0・15パーセントに過ぎない。しかし、日本の人口は今後調査ごとに減少し、再び増加に転じることはまずないのである。少なくとも、今後半世紀の間に増加に転じることはないと断じていいだろう。

それは何故か。

ひと言でいえば、「合計特殊出生率」が「人口の置換水準」を大きく下回っており、この傾向が変化することは当面考えられないからである。

合計特殊出生率とは、平たくいえば一人の女性が一生に産む子供の数のことをいう。但し、出産可能な年齢を15歳から49歳までと規定して算出したものである。

厚生労働省の人口動態調査によれば、平成二十八（2016）年の我が国の合計特殊出生率は1・44であった。つまり、日本の女性は、一生の間に平均して1・44人の子供を産むということを意味している。いわゆる「団塊世代」が生まれた昭和二十二（1947）～二十四（1949）年の三年間の合計特殊出生率が、4・54、4・40、4・32と、4人台であったことを考えると、大変な減り様であるが、昭和五十（1975）年以降はずっと一人台が続いている。最低は、平成十七（2005）年の1・26であった。

半世紀以上一人台が続くと、人口モメンタムという傾向が作用し、女性がみんな急に二人、三人ずつ子供を産んだとしても人口は簡単には元に戻らない。この問題は、現役のマーケッターたちに任せて、これ以上深入りすることは避ける。

平成二十八年の1・44であれ、これまでの最低の1・26であれ、気づくことはないだろうか。女性が一生に産む子供の数といっても、子供は女性単独では産めない。シングルマザーがどうこう、隠し子がどうこうという話ではない。精子と卵子が結合しなければならないということだ。

ということは、夫婦単位、或いは入籍していようがいまいが、男と女のカップルが単位になるということだ。カップルということは、数字でいえば二人である。二人で一生かかって1・44人の子供を産むという実態は何を意味しているのか。そう、人口は減るということである。カップルごとに0・56人ずつ不足しているということなのだ。

二人は、いずれこの世を去る。その時、二人の子供が残されていれば人口は差し引きゼロで変わらず、維持できる。この、何人産めば人口が維持できるかを表わす数字を「人口の置換水準」という。

カップルだから当然二人産めば維持できると考えがちであろうが、世の中はそうはいかない。不幸にも幼くして病死するというケースもあるだろうし、事故死ということもある。冷たい表現だが、社会全体でみれば多少の〝予備〟を産んでおかないと、カップルがこの世を去って平均二人の子供を残すことができないのである。

国立社会保障・人口問題研究所の計算によれば、我が国の人口置換水準は平成二十五（２０１３）年時点で2・07であった。つまり、一組の夫婦・カップルは、平均して2・07人の子供を残さないと人口は維持できないということになるのだ。言い方を換えれば、合計特殊出生率が2・07以下では人口は減少するのである。

世界の人口増加率は1・18パーセントで、依然として地球上の人口は膨張し続けている。現在の地球人口は約75億人とみられるが、その1・18パーセントとは約８８５０万人である。これが、複利計算と同じ理屈で増えていくのだ。いろいろな学者の試算があるが、地球はそろそろ限界に近づいているようだ。１００億人に達するのにさほどの年数を要しないであろうが、そうなるともはや地球一つではその人口を養い切れないというのである。

地球規模でみて大雑把な言い方であるが、二百の国や地域でまだ人口は増えており、約三十の国・地域で人口は減少し始めている。日本はその三十ヵ国の中に入っており、いよいよ人口の減少局面に入ったのである。

そのことは、「少子高齢化」という言葉とともに今や一般化しているが、では「高齢者」とは何歳以上の人を指すのか。これは、国際的に定義が存在しており、六十五歳以上のことを指している。当然、私は既に正真正銘の高齢者である。付言しておくと、高齢者ではあるが、無念なことにまだ一円の年金も頂戴したことがないのだ。

実は、この年金に代表される高齢者福祉の問題が社会を大きく揺るがすことになることから、「少子高齢化」ということが社会的な重大課題となっているのである。

人口に関する用語としては、0〜14歳を「年少人口」、15〜64歳を「生産年齢人口」、65歳以上を「老年人口」と呼んでいる。そして、「年少人口」と「老年人口」を「従属人口」と呼称し、生産年齢の者に扶養される者と位置づけているのだ。用語そのものからして不適切であると異議を唱えたい人は大勢いることであろうが、人口学ではそうなっているのでご容赦いただきたい。私自身が後輩世代を扶養しているという現実があり、許されるものなら真っ先に異議を唱えたいところである。

先の2019年推計人口によれば、我が国の「年少人口」＝子供人口は約1540万人にまで落ち込み、全体の12・2パーセントに過ぎない。これに対して「老年人口」＝高齢者は約3550万人、全体の28・1パーセントに達している。勿論、この割合は世界最高である。

高齢化ということを、もう少し正確に整理しておくと、「高齢化率」に従って次の三つの段階がある。高齢化率とは、「老年人口」の全体に占める割合のことをいい、述べてきた通り我が国は既に28・1パーセントに達している。国民の三・五人に一人が、高齢者なのだ。国際的には、高齢化率が7パーセントを超えた社会を「高齢化社会」という。そして、14パーセントを超えた社会を「高齢社会」、21パーセントを超えた社会を「超高齢社会」という。日本は既に、「超高齢社会」なのだ。

こういう社会になることは、実は五十年前に分かっていたことである。分かっていながら、手を打たなかっただけなのだ。それは、決して政治家だけの問題ではないのである。

人類の文明を動かす主要因は、人口、資源、技術の三つであるとされている。その中で、人口がもっとも強い影響力をもっている。

「貧乏人の子だくさん」といった感覚で、近代以前の江戸期を単純に「多産多死」の社会だと思っている人が圧倒的に多いが、本当にそうだったのか。江戸期の人びとは、現代日本人のように人口問題に無頓着であったのか。

自然の摂理に任せれば、生まれてくる子供の性比は女100に対して男は105となる。ところが、今は多くの人が出産前に男か女かを知り、それによっては堕胎をする人もいる。これが長期に亘って続けば、男女の比率に関しては異常な社会が出現することになるだろう。

江戸期の人びとが人口について何を考え、どう対処したか。今の私たちが人口に関して抱えている問題を考えるについては、この近代社会とは異質の江戸社会の人口問題を同列に並べて考えた方が効果的であると思い、先に現代日本の人口問題の一端に触れた。

歴史人口学という画期的な学問が、まだ全面的とはいえないが、両者を並列に並べて考えることを可能にしてくれたのである。

4　江戸版国勢調査による江戸の人口

歴史人口学は、統計学の手法を採り入れながら僅か半世紀の間に飛躍的な進歩を遂げ、江戸期日本の人口構造について驚くべき情報を私たちに提供してくれた。その中心的な担い手が、歴史人口学を我が国に導入した速水融氏や、鬼頭宏氏、浜野潔氏といった研究者である。

本書では、本章本節に限らず江戸期の人口や人口動態については、速水融氏の『歴史人口学で見た日本』（文藝春秋）、『江戸の農民生活史―宗門改帳にみる濃尾の一農村―』（日本放送協会出版）、鬼頭宏氏の『文明としての江戸システム』『人口から読む日本の歴史』（ともに講談社）、浜野潔氏の『歴史人口学で読む江戸日本』（吉川弘文館）、『近世京都の歴史人口学研究―都市町人の社会構造を読む―』（慶應義塾大学出版会）などを参考にさせていただいた。いずれも優れた研究成果に満ちているので、直接ご覧になることをお勧めしたい。

そもそも江戸時代と呼ばれる稀有な平和な時代の人口は、どれほどの規模であったのか。

この時代は二百六十年を超える長期に亘る期間をもっているから、当然、人口も時期によって異なる。

学校の授業風になるが、「関ヶ原の合戦」に勝利した徳川家康が征夷大将軍に任じられたのは慶長八（1603）年のことであった。ここから、江戸時代が始まる。

この江戸が始まった頃の我が国の人口については、他の時期についてより幾つもの説が唱えられてきた。主な説を列記してみよう。

吉田東伍　1800万人
速水　融　1200万人±200万人
鬼頭　宏　1430〜1550万人
斎藤　修　1700万人
ファリス　1500〜1700万人
藤野正三郎　1940万人
ビラベン　1200万人

まだ他にもあって、中には２２００万人とする説もある。説によって一千万人も差があると、歴史人口学などといっているが、結局正確には分からないではないかと思われてしまうだろうが、歴史人口学的アプローチとそれ以外のアプローチとの間の差異であるとも考えられる。私は鬼頭説にもっとも説得力を感じており、１５００万人と考えている。それは、速水説の上限値にも近いといえる。

「暴れん坊将軍」の時代といえば分かり易いかも知れないが、八代将軍徳川吉宗の時代、即ち享保年間の人口が約三千万人であったことは、ほぼ間違いない。

時期的には他国では例のないことであるが、享保六（１７２１）年に吉宗は全国の人口調査を行っているのだ。各藩に対して、また天領の代官に対して、支配下の人口を男女別に報告させたのである。同時代のどの国にも、こういう例は存在しない。例えば、フランス革命前のフランスの人口は２８００万人などと習うが、これは単なる推計に過ぎない。江戸期日本では、実際に調査をやったのである。しかも六年に一度実施したのだ。江戸版国勢調査と称してもいいようなマクロの人口調査を、定期的に実施したということである。

その結果、享保六年時点の人口調査合計は約２６００万人という結果が出た。

但し、この時幕府は、調査方法を各藩に任せた。従来から各藩で行ってきた方法で構わないとしたのである。その結果、何歳以上を対象とするかという基本的な条件が統一されなかった。ある藩では八歳以下をカウントせず、十五歳以下をカウントしなかった藩もあった。

更に大きな問題は、「支配下人口」を調査した訳で、この全国調査には武家の人口が含まれていないのである。つまり、２６００万人という数字は、過少であるということになるのだ。

しかし、このような欠陥をもっていたとはいえ、それによってこの調査の価値が大きく損なわれるということはない。この時代に全国調査を行ったこと自体が驚きであると同時に、国家として十分なガバナンスが確立していたことを示すものとして高く評価すべきであろう。

もう一つ注目すべきことは、藩によって対象年齢が異なるということは調査手法としては欠陥であるが、「従来通りの方法で構わない」としたということは従来から領国個々では人口調査を行っていたということである。中央政府が届出を義務づけず、集計をしてこなかっただけということだ。確かに戦国末期に領主が百姓を兵力として動員することを想定し、領内の人口を調査していた事例は幾つも確認されている。馬や牛の頭数まで調査されている例も存在する。

では、調査手法の問題で対象から外れた人口規模をどうみるか。この大部分は武家人口であり、それもあってこの点については多くの研究者の推計値がほぼ一致している。500万人である。

即ち、調査結果2600万人に除外人口500万人を加えて、享保六年時点の総人口は3100万人ということになる。幕府による全国人口調査で、判明している最後の調査は弘化三（1846）年のものである。最後の調査結果では2691万人、第一回の調査結果2607万人から僅か84万人（3・1パーセント）しか増加していなかったのだ。除外人口を加えると、幕末の総人口は約3200万人となる。

百二十五年かかって僅か84万人の増加……この一点を以て江戸期は長らく「停滞社会」であったと断じられてきた。この断定が全く的外れであることを歴史人口学が明らかにするのだが、そのことは後述する。

先ずは、江戸初期の人口である。

これについては、冒頭に示した諸説の中でも吉田東伍説が永年支配的であった。これは、大正時代に発表されたものであるが、半世紀以上にも亘って誰も異議を差し挟まなかったのである。吉田東伍説の根拠は、一人一石という意外に単純なものであった。

太閤検地による全国石高は、大体千八百万石強である。江戸後期の検地ではこれが三千万石となり、その時の人口が約3000万人、つまり、一石＝一人という関係が成り立つというのだ。

これに対して鬼頭氏は、享保期の人口からロジスティック関数的な考え方を地域別にもち込み、江戸初期から人口が何倍になったかという視点で推計した。

速水氏は、当初小倉藩の「人畜改帳」をベースにして、一石＝0・28〜0・44人としたが、後に鬼頭氏と同様の逆算方式でこれを修正した。

この時、両者とも諏訪郡の「人別改帳」を一つの論拠としている。信州諏訪郡では百五十年で人口が三倍に膨張したことが突き止められていたのである。しかし、享保六（1721）年という年を基準にすると、それは「関ヶ原の合戦」（慶長五年・1600年）から百二十年後であり、百五十年には少し足りない。そして、北日本や東日本、そして、江戸期の都市の人口増加を諏訪と同じように考えることはできず、私は、奥羽と信州の単位当たり収量を参考にして、諏訪の七割、約二・一倍とし、享保六年の3100万人に対して江戸初期を1500万人と考えたい。即ち、鬼頭説となる。

なお、江戸初期の人口について、落合功氏が、速水融氏の初期の説1200万人を採用しながら、「通説なので採用していますが」とし、実は疑問だと述べている（『「徳川の平和」を考える』（日本経済評論社）。その論拠に、「関ヶ原の合戦」に両軍合わせて20万人といわれる軍勢が集まったことを指摘し、総人口1200万人なら人口の60人に一人が合戦に参加したことになると疑問を呈しているのだ。この論に従えば、私のいう1500万人でも、75人に一人が「関ヶ原」に参陣したことになる。

私の結論をいえば、「関ヶ原」に20万人という、なぜその点だけ講釈師が囃すような俗説を前提とするのか。そもそも合戦の軍勢を誇大に表現するのは普通のことで、「関ヶ原」に20万人などという数字を前提として採用するのは如何なものか。

さて、幕府による人口調査は、二十二回実施され、「諸国人数帳」としてまとめられた。以下が、その変遷である。

第一回　享保六（1721）年　2607万人
第二回　享保十一（1726）年　2655万人
第三回　享保十七（1732）年　2692万人
第四回　元文三（1738）年　――

第五回　延享元（1744）年　2615万人
第六回　寛延三（1750）年　2592万人
第七回　宝暦六（1756）年　2606万人
第八回　宝暦十二（1762）年　2592万人
第九回　明和五（1768）年　2625万人
第十回　安永三（1774）年　2599万人
第十一回　安永九（1780）年　2601万人
第十二回　天明六（1786）年　2509万人
第十三回　寛政四（1792）年　2489万人
第十四回　寛政十（1798）年　2547万人
第十五回　文化元（1804）年　2562万人
第十六回　文化七（1810）年　――
第十七回　文化十三（1816）年　――
第十八回　文政五（1822）年　2660万人
第十九回　文政十一（1828）年　2720万人
第二十回　天保五（1834）年　2706万人

第二十一回天保十一（１８４０）年　２５９２万人
第二十二回弘化三（１８４６）年　２６９１万人

これに除外人口（対象外人口）約５００万人を加えると、享保期の人口３１００万人に対して幕末弘化期の人口は約３２００万人と、江戸中期以降の我が国の人口は安定しているのだ。

これは全国人口であるが、様々な史料の発掘、発見や、歴史人口学や統計学手法の進歩によって今私たちは藩別の人口や時に藩内身分別の人口まで知ることができるようになったのである。男女別の人口は多くの藩で把握できるが、中には穢多非人の人口まで把握できるケースもあるのだ。

例えば、軍事クーデターによって江戸幕府に取って代わった萩藩（長州藩）の人口をみてみよう。上段は元禄七（１６９４）年、下段はおよそ百年後の寛政四（１７９２）年の人口である。

【萩藩（長州藩）】（支藩四藩を含まず／単位　人）

諸士男	５４３３	５３７４

女	4450	5439
足軽中間男	4018	4423
女	3376	4423
又家来男	19671	12666
女	17347	11118
寺社方	計 4013	男 6444
		女 3087
萩町町方男	7109	5859
女	6175	5248
百姓男	141508	202737
女	120719	189846
穢多男	995	1697
女	753	1529
町方男		5316
女		5358
旅人男		1437

宮番男		3384
女		979
茶筅(ちゃせん)男		3387
女		3733
非人男		5593
女		3361
江戸定居男		520
女		5221
大坂定居男		160
女		43
総人口男		44
女	178734	248318
男女計	152820	228486
	335567	476804

元禄七年調査では、総人口と男女別合計が合致しないなどの矛盾点がみられるが、

ここでは問題にする必要はないであろう。元禄七年調査では、萩町以外の町方人口が不明であるが、或いはその影響かも知れない。

長州藩の人口は、百年間に約14万人、0・42パーセント増加している。この増加率は、江戸期のこの時期においては、標準的なレベルである。

注目すべきことは、ここまで詳しい調査が行われていたという点である。このことは、ここに例として挙げた長州藩だけでなく、各藩においても同様なのだ。そして、ここでは元禄七年と寛政四年を比較して提示したが、多くの藩においてほぼ毎年行われていたのである。

因みに、寛政四年を定点とすれば、会津藩の人口は、男6万4887人、女5万7259人、合計11万7746人であった。これは、長州藩の四分の一に過ぎなかった。

長期の趨勢でみれば、江戸期の人口は前半（十七世紀）に増加したものの、中期（十八世紀前半）に入ると停滞、または減少傾向を示し、幕末になって再び増加に転じるという傾向を示している。しかし、これには地域別の違いがあり、例えば、幕府の全国人口調査の行われた享保六（1721）年から弘化三（1846）年までの125年間の変化をみても、総人口は約100万人（3・2パーセント）の微増となっているが、九州・四国・中国、そして、北陸・東海では10パーセント以上増加した国が多数存在し、逆に東北・関東・近畿では10パーセント以上減少した国が多く存在するのだ。

一見して「人口も停滞していた江戸社会」というイメージをもたれているが、実態は、当たり前のこととして人口増加エリアと減少地域が混在しており、人口が停滞しているようにみえるのはあくまで計算上の結果に過ぎないのだ。

蛇足ながら、統計数字をみる時は基本的な注意が求められる。人口を考える時にも平均余命などを扱うが、何事においても「平均値」というものは誤解を生む根源といえるかも知れない。

思い切り単純化した例を述べるが、二人の生徒がいてそれぞれのテストの結果が100点満点と0点であったとする。この時、「平均点」は50点である。しかし、実際に50点という点数をとった生徒は一人もいないのだ。平均値とはこういうものであり、平均値を扱う時は、常に「分布」を同時にみるなどの注意が必要である。このことは、数字に強いとか弱いという問題ではないことを申し添えておきたい。

さて、美濃国（今の岐阜県）安八（あんぱち）郡に西条（にしじょう）村という農村があった。歴史人口学は、この村の宗門改帳を使うことによって様々な人口指標を導き出した。

それは、この村の宗門改帳が安永二（１７７３）年分から明治二（１８６９）年分までの九十七年間に亘って一年も欠けることなく残されているからである。ほぼ一世紀にも亘る連続した人口史料が残されていることは珍しく、多岐に渡る統計分析を可能にした。浜野潔氏もこの西条村の宗門改帳から得られた人口情報を『歴史人口学で読む江戸日本』(吉川弘文館)において詳しく紹介している。

江戸期の人口は、村単位でみても常に自然災害の影響を受けていた。飢饉である。飢饉をもたらした自然災害については、後章で若干詳しく観察したいと思うが、江戸期には「三大飢饉」といわれる三度の大きな飢饉があった。最初が享保の飢饉で、享保十七(1732)〜十八年に発生した。この飢饉の原因は中国大陸で大量発生したウンカで、これが風に乗って東シナ海を渡り、九州に降りて大量発生、西日本を中心にして東へも拡がったのだ。この飢饉によって、西日本の人口は減少している。

第二の大飢饉は天明の飢饉で、天明三(1783)〜六(1786)年に亘って被害に襲われた。この時は、冷夏が原因となった。夏にオホーツク海高気圧が居座り、東北地方の太平洋側や北関東の気温が下がり、霧が発生して日照時間が短くなった。これによって、農作物の収量が激減したのである。

加えて、天明三年には浅間山が大噴火を起こし、火山灰が関東全域に降り注ぎ、農作物が枯れるという大被害をもたらした。酸性の火山灰は土壌に浸み込み、この後数年に亘って関東の農業は打撃を受け続けたのである。この時は、江戸市街も降灰に悩まされた。

実は、この約三十年前の宝暦五（1755）～六年にも飢饉が起きており、東日本はこの時の被害から完全に立ち直っていなかったのだ。このことが、天明の大飢饉を大飢饉たらしめた背景要因になっていた可能性は高かったものと考えられる。

第三の大飢饉は、天保の大飢饉である。既に文政年間末期から東北では不作が続いており、そこへ天保三（1832）年の冷夏が決定的なパンチとなり、以後天保九（1838）年まで凶作が続いた。この期間の餓死者は10万人近いとする説もある。ただ、この時の被害は中部地方と東北地方が中心で、関東は相対的には被害は軽微であった。このことを一つの論拠として、天保の大飢饉とは果たして自然現象が原因であったのかと、疑問を呈する見方がある。速水融氏は何らかの流行病が大流行し、それによって百姓が働けなくなり、これが飢饉を惹き起こした可能性があると主張する（『歴史人口学で見た日本』）。

しかし、もしそうだとすれば、それを裏付ける、或いは示唆する史料がそれなりの規模で残っていても不思議ではないはずであるが、私は寡聞にして大流行といえるだけのその種の史料や資料に接していない。これについては、読者諸兄にご教示を賜りたい。

いずれにしても、幕末にもっとも近い天保の大飢饉にはまだまだ謎といってもいい不明点が多いのだ。一つ考えておかなければいけないことは、地球規模の寒冷化＝小氷期の問題であろう。

江戸期の飢饉は、決して三大飢饉だけではない。特にこの三つが目立って被害の規模が大きかっただけであって、中小の飢饉を含めれば絶えずといってはいい過ぎかも知れないが、地震、噴火、津波なども含めれば、江戸期日本は平成時代と同じく災害列島といってもいいほど様々な災害に見舞われていたのである。

大地震の度に「現在の地震学では予知にも限界がある」などと気象庁や研究者自身が発言しているが、確かにその通りであろう。しかし、それは〝近代科学〟のみに頼るからではないか。これまで人口学でしか人口を考えてこなかったところへ歴史人口学をもち込んで、江戸期の人口についてはその動態までもがかなり明らかになってきている。災害についても、「歴史災害学」のような学問ジャンルを確立、充実させ、自然科学と融合させることによってより幅広い災害情報、災害知識を提供することができるのではないか。学者は、その特性である縦割り意識を矯正する必要がある。

このことは別の機会に譲るとして、江戸期の人口は大飢饉の時期に減少した。そして、平常年には常に増加したのである。つまり、江戸期の人口は継続的に増えているのだが、飢饉のような危機を迎えるとガクンと減少し、グラフにすれば鋸状の推移を描くのである。なおかつ、地域別にみると同時期に増えている地域と減少している地域が併存するのだ。人口一つをとってみても、江戸期は決して〝停滞〟しておらず、ダイナミックな変化を繰り返していたのである。

人口変動に大きな影響を与えた要因の一つが、このような飢饉＝自然現象であった。もう一つ、江戸期の人口を大きく左右した要因がある。

それは、江戸期に日本列島が都市化したという事実である。次節ではそのことに触れたい。

5 出稼ぎ奉公と「都市蟻地獄」説

美濃西条村の「宗門改帳」は、実に興味深い事実を私たちに、〝突きつける〟ような雰囲気で伝えてくれる。私には、〝突きつけられる〟という感覚が残るのだ。

「宗門改帳」や「宗門人別改帳」だけでなく、江戸期には「懐妊書上帳」や寺院の「過去帳」などもあり、これらのことから江戸時代は人口史料の宝庫であるといわれている。「懐妊書上帳」とは、堕胎・間引きを取り締まり、養育手当を支給する必要性から妊婦を調査した資料のことである。

私の幼い頃、我が家にも我が家の「過去帳」があった。半折を小さくしたような長方形の和紙を横にして縦書きに墨書され、右端を和綴じにしたその過去帳は、とても分厚かった。仏壇の下の引出しに保管されていたそれを、誰かの法要の時であったろうか、父が感慨深げに一枚一枚繰っていた姿を思い出す。

これらの史料や資料に登場するのは、将軍や大名ではなく、旗本・御家人でもない。勿論、テロリストとして名を馳せた薩長の尊攘激派の輩でもない。皆、官軍教育の歴史には登場しない、ただの百姓たちが殆どである。「宗門人別改帳」を始めとするこれらの記録は、江戸時代という平和な時代にごく普通に生を営んだ文字通りの庶民の姿をそのまま語ってくれるのだ。

例えば、西条村の「水呑（みずのみ）百姓」に豊八という者がいた。「宗門改帳」の冒頭部分に、はっきり「水呑」と書かれている。昭和の戦後まで使われていた言葉であるが、水呑百姓とは、正確には田畑屋敷を所有しない「無高（むだか）」の百姓のことをいう。

豊八の九歳年下の女房は、同じ安八郡の大薮村から嫁いできており、その父親を弥兵衛ということも分かっている。

天明元（1781）年三月作成の「宗門改帳」によれば、この時点で豊八夫婦は三人の娘と暮らしている。

そね　十七歳

とよ　十歳

くの　七歳

つまり、豊八家は五人家族であることが分かるのだ。

ところが、これ以外に夫婦には四人の子がいた。

ゆく　二十二歳。長女である。この娘は、京都の町方へ奉公に出ている。
文三郎　二十五歳。長男である。この倅（せがれ）は、同じく京都の木綿屋善兵衛さんのところへやはり奉公に出ている。
るん　二十一歳。この娘も京都へ奉公に出ている。
とめ　十四歳。この子はこの時点から六年前に、京都の菓子屋新八さんのところへ養女に出された。

即ち、この時点で西条村に住んでいるのは五人であり、これは村の人口にカウントされる。それ以外の四人は、いずれも奉公に出ているか養女に出されており、出ていった先で「宗門改め」を受けるので、西条村の人口には含まれない。

「宗門改帳」には、「現住地主義」によって作成されるものと「本籍地主義」で作られるものの、大別して二種類がある。今でいえば、前者によるものが住民基本台帳に相当し、後者が戸籍簿に当たるといっていいだろう。

西条村の「宗門改帳」は現住地主義を採りながら、奉公で村を離れている者や養子や結婚で村を永続的に離れてしまった者の情報を本人が死ぬまで記載し続けたのである。こういう例は珍しいという。これによって私たちは、西条村出身者の個々のライフコースを追跡することも可能になった。

豊八は文化十三（1816）年、妻は文政三（1820）年にそれぞれ一生を閉じた。豊八は八十七歳、妻は八十三歳。この時代においては、長生きしたといえるだろう。

この夫婦には、男児が文三郎一人しかいなかったが、彼は京都の木綿屋へ奉公に出たまま村へは戻らず、五十七歳で他界している。長女、次女は美濃国内の農村へ嫁ぎ、七女は大垣の武家へ嫁いだ。そねはその後大坂へ奉公に出たが結婚はせず、村へ戻って三十八歳で他界している。

結局、この家はくのが二十一歳の時、養子茂右衛門を迎えて跡を継ぐのだが、二人は一男一女を儲けるものの、くのが二十六歳で他界、その子もん、倉吉も相次いで死亡するという不幸が続き、茂右衛門は「不縁」となり、養子縁組は解消された。跡継ぎも孫二人もなくした豊八夫婦は、高齢者世帯となってしまい、文政三年に妻の死亡とともにこの家は「絶家（ぜっけ）」となったのである。

安永二（1773）年分から残されている西条村の「宗門改帳」には、豊八一家以外にも〝普通に一生懸命〟生きた江戸の百姓の生きるという営みが仕舞い込まれているのである。

この村の総人口は、記録が残る初期の安永年間は、360〜380人であった。最後の慶応三（1867）年は、381人。約百年間、人口に変化がなかったようにみえる。しかし、長期の趨勢をみれば村の人口は少しずつ減少傾向にあり、天保十四（1843）年には277人にまで落ち込んだ。

中でも、大きく落ち込んだ時期が二度ある。既述した「天明の大飢饉」（1780年代）と「天保の大飢饉」（1830年代）の直後である。天明の大飢饉は、東日本・北日本が被害を受けた中心エリアであったが、美濃辺りまで影響は及んでいたのだ。

「天保クライシス（危機）」と呼ばれる危機を乗り切って、幕末・明治に向けて村の人口は増加していく。即ち、この大きな人口変動パターンは、江戸期日本の人口変動パターンとほぼ同じなのだ。西条村だけでなく、「宗門改帳」が残っている各地の幾つかの村でも同じパターンを描き、その点で西条村の人口の動きには江戸期農村の人口動態を表わす代表性があるといえるだろう。

速水融氏が、西条村の人口変動を十年単位で計算している（『近世濃尾地方の人口・経済・社会』創文社）。

それによると、西条村の十年単位でみた人口の自然増加率は、天明の大飢饉、天保の大飢饉の時代以外はすべてプラスで、少ない時でも8パーセント前後、多い時では

18パーセントの自然増加を記録しているのだ。

ところが、社会増加率は百年近くに亘って一貫してマイナスを示しており、先に豊八一家の例でみた通り、この村からは京都、大坂や近在の町へ奉公に出ていく人が多かったのである。

西条村からは、一体どれほどの人数が出稼ぎ奉公に出ていったのであろうか。「宗門改帳」で確認できる出稼ぎ奉公に出た人数は、３９４人。ところが、それぞれがどこへ何年出ていたかについては、千差万別であり、中には出たっきり村へ帰ってこなかったというケースもある。そこで、速水氏は、出稼ぎ奉公の実態を数量的に解明するために、パーソン・イヤー（人年）という単位を編み出した。

一人が一年奉公に出ていくことを基準としてこれを1とした。一人が五年行っていれば5人年となり、五人が一年でも5人年となる。これを使うと、西条村から奉公に出た総量は、男女合計で６６４７人年となった。これを先の人数で割ると、3・52となる。つまり、平均すると一人が三年半くらい奉公に出ていることになるのだ。

西条村の出稼ぎ奉公経験率（対象とした母数は十一歳に達した者）は、男で50・3パーセント、女は62パーセントに達していた。彼らは、平均して三年半、どこへ奉公に出ていたのであろうか。

出稼ぎ奉公先には、三方向あった。農村、町場、都市である。町場とは地方の町を指し、都市とは、西条村からみた場合、京都・大坂・名古屋・大垣といった城下町を指す。京大坂を〝城下町〟とすることに違和感を感じる向きもあろうが、都市の形成過程を遡れば城下町的形成、発展を指摘する研究者もおり、誤りともいえない。ここでは「規模の大きい、賑やかな町」といった意味合いである。人年単位でみると、男の60パーセント、女の47・5パーセントが都市へ奉公に出ているのだ。どの都市へ出ていったか。人年単位でみてみると、

男	京都	33・4%	631人年
	名古屋	31・2%	590人年
	大坂	16・6%	314人年
女	名古屋	44・2%	727人年
	京都	27・7%	455人年
	大坂	12・3%	203人年

となり、男女とも三都市が80パーセント以上を占めている。京都・大坂の人口は50

万人弱、名古屋が10万人弱であったのに対して、村からもっとも近い都市である大垣藩の中心地大垣は1万人前後であり、都市としての吸引力に差があったことが分かる。

言うまでもなく、最大の都市は江戸である。しかし、美濃西条村から江戸は如何にも遠い。京都なら三日あれば十分であったろう。男が無理をすれば丸二日でも可能であったと思われる。名古屋なら、丸一日あれば行けるはずだ。都市のもつ吸引力の強さと労働移動の時間距離という要因が作用して、京都、名古屋が優位に立ったものと考えられる。

ひとたび都市へ奉公に出ると、男は約十三年、女は約十四年間奉公を続けた。奉公に出るのは大体十四～十五歳であったから、十三～十四年の間奉公を続けると、帰村したとしても二十七～二十八歳になっている。このことが、一つの大きな問題を発生させていた。

もうお分かりであろう、結婚年齢が遅くなるのだ。

輪中（わじゅう）地域十七ヵ村、二千三百組の夫婦の家族復元の結果、平均初婚年齢は男が二十八歳、女は二十・五歳であったことが分かっている（『歴史人口学で見た日本』）。そして、関連して判明していることは、結婚の継続期間は現代よりも短く、僅か一年というケースが全体の7パーセントを占め、これがもっとも多いのだ。経過年数とともに割合は下がっていき、「銀婚式」までとなると約3パーセント、「金婚式」までとなると0・5パーセントに過ぎないのだ。

理由ははっきりしている。死亡時期が早いという要因は勿論あるが、江戸期は離婚が多かったのである。特に、結婚後一〜三年後という早い時期の離婚がもっとも多かった。

一般に、早く結婚すればより多くの子供をもつことができる。輪中地域十七ヵ村の平均値では、十六〜二十歳の間に結婚した女性は、生涯に5・39人の子供を産んでいる。これに対して、二十一〜二十五歳に結婚した女性は4・54人であった。両者には、子供一人の差があったということになるのだ。

江戸期の一般形では、出生率がもっとも高かったのは二十一〜二十五歳となっている。十六〜二十歳は、それより若干低く、年齢が上がるに従って出生率は下がっていき、四十六〜五十歳でほぼゼロとなった。この年代分布は、農家の持高（土地家屋の評価額）に代表される経済状況や山間部か平野部かといった居住環境によって異なる。濃尾平野そのものが肥沃なエリアであり、輪中十七ヵ村における十六〜二十歳の出生率の高さは、そのような地域性を反映した結果ではないかと考えられる。

西条村でも、出稼ぎ奉公に出た者の結婚年齢が高くなってしまった。自ずと、出稼ぎ奉公に出た女性の出生率は低くなるのだ。

ところが、それ以上に出稼ぎ奉公で都市に出るということには、江戸期の人の移動を特徴づける現象が潜んでいたのである。

西条村で出稼ぎに出た絶対人数は、男女合わせて３９４人いた。このうち、「宗門改帳」の最終年＝明治二（１８６９）年時点で奉公継続中の者は65人。これを除く３２９人のうち１２６人、つまり、38・3パーセントが奉公先で死亡しているのだ。更に、死亡者１２６人中96人（76パーセント）が都市と町場へ出稼ぎ奉公に出た者で、農村への出稼ぎ奉公先で死亡した者30名を圧倒的に上回っていたのである。

このことは、何を意味するのか。

やはり、都市の衛生環境、健康環境の問題であろう。ここに「都市蟻地獄（ありじごく）」説が登場する。

一般に、都市の人口を考える時、そこには三つの特徴があるとされている。

・人口の流動性が非常に高い
・農村と比較して出生率が低い

・死亡率が高い

この三つである。

人口の流動性が高いということは、平たくいえば「引っ越し」が多いということである。これは、出稼ぎ奉公人に限らず、元からの都市住民も含めての現象であった。京都では一年間に全世帯の一割が移動していたという調査報告があり、幕末の江戸では人口・世帯ともにこれが16パーセントに達していたとする調査もある。

因みに、私自身のビジネス経験では、多くのDMリストにおいて一年後に約5パーセントが「住変」（住所変更）で返送されてきた。現在より郵便到着率が高い1980年代のことである。

借家人・店借層が圧倒的に多かった都市では、低所得層がより賃金の高い仕事を求めて、或いは、より安い家賃を求めて移動することが多かったということだ。

都市では出生率が低いという特徴には、やはり幾つかの理由が考えられる。出稼ぎ奉公人には若者が多く、未婚者が多かったこと、結婚年齢が男女ともに高かったために有配偶率が低かったこと、そして、離婚が多かったことなどであろう。

江戸という大都市は、男が非常に多い都市であった。徳川家康による城下町建設から始まった新興都市・江戸には、もともと全国から集まった人足や大工を始めとした男性労働者が多かったのだ。

先に述べた享保六（１７２１）年から始まった全国人口調査によれば、同年の江戸町方の人口は50万人、そのうち男は32万人、女は18万人であった。女を１００とした時の性比は、１７８に達する。これが、延享四（１７４７）年に１６９、天保三（１８３２）年には１２０と下がっていき、江戸時代最後の年慶応三（１８６７）年になってようやく１０２対１００と、男女がほぼ同数になった。

女性の比率が男女比が均衡するまでどんどん上昇していったことは、時代の経過とともに女性就労者に対する需要が高まっていったことを意味する。具体的には、サービス業的な労働需要が高まっていったということであろう。このことは、江戸の住民にとって結婚の機会が増大していったことを意味するが、性比均衡に至るまでに長い期間を要し、時代の殆どが男性過剰社会であったことも大都市江戸の出生率が低かった背景要因となっていたことは疑うべくもない。

都市の死亡率が高いという現象は、人口密度が高いこと、それによる生活環境の悪化が原因であったと考えられる。奉公する先では屋根裏部屋にすし詰め状態になって暮らすということもよくあったことであり、人の集積は病気の集積でもあり、流行（はや）れば蔓延は早い。

出生率が低く、死亡率が高ければ当然人口は減少する。農村から絶えず人口流入がない限り、都市は人口を維持できないのである。農村から絶えず人口が流入し、都市で病気にかかって死亡していく……このような人の流れを、速水氏は都市の「蟻地獄効果」と呼んだ。ヨーロッパでは都市墓場説が存在するようだが、都市蟻地獄説はこれと全く同じ意味である。

蟻地獄というものを、実際にご覧になったことはあるだろうか。幼年時代に神社の境内などで、蟻地獄探しに熱中し、これをじっと観察しながら時に〝ちょっかい〟を出すという遊び体験は、私のような田舎で育った一定年齢以上の者なら誰でももっているに違いない。この、私どもが「蟻地獄」と呼んでいた生き物は、正確にはウスバカゲロウの幼虫のことである。砂地にすり鉢そっくりの穴を掘り、蟻がその穴に滑り落ちてくるのをひたすら待つ。エサは、じっと待つことによって得るのだ。砂地であるから、蟻は落ちると這い上がれない。観察していると、実際に見事に這い上がれないのである。〝蟻地獄〟はこれをエサにして生きているのだ。私ども子供の間では、このすり鉢状の小さな穴を含めて「蟻地獄」と呼んでいた記憶がある。

都市も、この蟻地獄のように農村から流入してきた人を食ってしまう……恐ろしいネーミングのように聞く方も多いかも知れないが、身近に蟻地獄の様子を遊びとして観察してきた世代にとっては、非常に分かり易いところがある。

いずれにしても都市の人口再生産力はマイナスであって、農村からの人の流入がなければ人口を維持できないのである。一方、この人の流れは、農村にとっては人口増加に歯止めをかける機能を果たしていたのだ。

西条村の「宗門改帳」に記載されている人びとは延べ１８８６人、死亡者は７２２人、出生は９９２人であった。勿論、記載漏れはあった。ここではそれを無視する。単純に自然増、自然減という見方だけなら、この期間に村の人口は２７０人増えていなければならない。ところが、現実にはこの村の人口は15人しか増えていなかったのだ。残りの２５５人はどこへ行ってしまったのか。都市である。

西条村からは、京都、名古屋、大坂という大都市へ出稼ぎ奉公に出ていき、そこで死んだり、定住したりした。帰村した者は結婚適齢期を過ぎていたケースが多く、このことが出生率に影響した。このような人の流れや現象が、村の人口増加を押しとどめたのである。

私たちは、安易に「口減らし」という言葉を使い、聞かされてきた。都市の蟻地獄効果を含めて、包括的な労働移動という大きな人の流れの中に、農村にとっては「口減らし」といわれる効果も潜んでいたということである。

江戸期農村においては、地主層の約三割が分家を出した。同時に、地主層において跡継ぎがいなくて絶家となったケースは、まず存在しない。しかし、先にみた豊八のように、小作層では35パーセントが跡継ぎがなくて絶家となっている。地主層では分家を出す方が絶家より遥かに多く、小作では圧倒的に絶家が多かったのだ。

そして、地主層は分家を出すが、分家は必ず出身階層より下層になる。つまり、地主層や自作層が出した分家が、小作層が絶家した跡を埋めていくのだ。小作層ほど出稼ぎ奉公に出ていく割合は高い。小作層が都市へ出ていった跡を上位層の分家が埋める。上から落ちてきたものが空いた下を埋めるという階層間移動が起きていたのだ。

即ち、江戸期人口の社会増、社会減という現象は、地理的な労働移動と組織内階層間移動が計算されたような構造でかみ合って成立していたということである。

なお、浜野潔氏が「都市蟻地獄説」に疑問を投げかけている（『歴史人口学で読む江戸日本』）が、これは京都における死亡率推計の試算結果を一つの論拠にしている。しかし、現段階では「明確な結論は得られていない」状況であることを付言しておきたい。

江戸期に限らず、人口問題は複雑で奥が深い。しかし、既に我が国は「超高齢社会」に突入しており、東京オリンピックの年＝２０２０年には遂に東京二十三区すべてが人口減少局面に入る。その後に予想される事態が話題になることは、ここに至っても少ない。既に、東京都の四十代男性の未婚率は50パーセントを突破しているのだ。

江戸期についいては、その人口に関わることについても大きな誤解がある。これについては、後で更に補足する機会もあるだろうが、現代の人口問題も深刻である。維新動乱期の「復古」「復古」の大合唱じゃあるまいし、いつまでも「少子高齢化」を流行語のように喚くだけでは何も解決しないのだ。保育園、幼稚園は足りないが、それを増設するだけでは出生率は上がらないことを断言しておきたい。

私たちの生きている「近代」直前の「近世・江戸社会」を参考にすることは、人口問題についても有効なはずである。

6 防衛措置としての鎖国政策

江戸時代とその社会の仕組みや価値観に対する誤解は、多岐に渡って様々に存在するが、そもそもそれらは維新勢力による恣意的な面が強いことを既に述べた。その結果、中には単なる誤解とはいえない悪質な事柄も多い。その最たるものが、江戸期日本が〝鎖国〟を行っていて、世界各国と途絶した状態、国柄（くにがら）を作り出して、世界から完璧に孤立し、これによって野卑で陋習に満ちた恥ずべき国になっていたというものであろう。

「鎖国言説」とも言うべきこの誤解について結論をいえば、江戸期日本が国を鎖したという事実は存在しない。益して、「鎖国令」などという法令は存在しなかった。

確かに、〝鎖国〟という表現は、なかなかうまい言い方ではある。

江戸時代、我が国は諸外国との交際、つき合いを一切行わず国を閉じていたとし、官軍正史による学校教育においても、この状態を〝鎖国〟というひと言で表現して教え込んできた。諸外国との交際をしないということは交易も行わないということであり、江戸期日本は日本列島を住処（すみか）として自給自足の生活を営んでいたということになる。

自給自足の生活を維持していたということは、概（おおむ）ね正しい。但し、寸分違わず、蟻一匹入り込めぬという精緻さを以て国を閉じていた訳ではない。密入国したり、密入国を図った宣教師も少なからずいたし、外国船に救助され、数年後に帰国してきた漁師もいたが、これらはあくまで例外的な、いってみれば埒外の事例であって、ここでいっているのは、政策として、体制としてそういう精緻さで国を閉じていたことはないという意味である。

先に一つ顕著な例を挙げておけば、江戸期通貨の主たる原材料は金と銀であるが、幕府はこの大部分を輸入に頼っていたのである。

広く知られている通り、江戸期には「四口」といわれる四つの対外貿易窓口が存在した。長崎口、対馬口、薩摩口、蝦夷口がそれである。私たちが教えられてきたこれまでの歴史教育では、対外貿易は出島（長崎口）を経由して細々とオランダと交易していただけということになっていたが、これは実態とはかなり異なる。

対馬口は、対朝鮮貿易の窓口であったが、長崎・出島のように幕府が直接その交易を管理していた訳ではない。対馬藩に委託していたといった方が実態に近い。対馬藩は同時に、幕府の対朝鮮外交を中継ぎする役割も担った。むしろ対朝鮮外交の窓口としての機能が大きかったと認識すべきであろう。対朝鮮外交、対明国、対清国外交にとって、対馬藩は幕府にとって欠かせないポジションにいたのである。

同様に幕府は、薩摩藩島津家による対琉球貿易、或いは琉球を経由した貿易、松前藩松前家による対アイヌを含む北方貿易を認めていた。薩摩（薩摩口）、松前（蝦夷口）の場合は、初期においては外交的動機を殆ど含んでいなかったので、委託したというより特例として認めたといった方が更に実態に近いだろう。

そもそも鎖国という言葉を江戸幕府が使っていたかといえば、そういう事実はない。嘉永六（1853）年、ペリー来航の際、幕閣の間で初めてこの言葉が使われたという如何にももっともらしい説があるが、そういうことはあり得ない。

鎖国は先祖から受け継いだ、犯してはならない祖法であるという意味で使われた「鎖国祖法」という言い方も、後世の造語であるようだ（大島明秀『「鎖国祖法」という呼称』熊本県立大学）。鎖国という言葉が広く一般に普及したのは明治になってからであることは、間違いのない事実である。

鎖国という言葉やその概念については、研究書としては、大島明秀氏の『「鎖国」

という言説～ケンペル著・志筑忠雄訳『鎖国論』の受容史～』（ミネルヴァ書房）や七十年代から日本近世史の見直しを説き続けているロナルド・トビ氏の『「鎖国」という外交』（小学館）が、もっとも精緻に、鋭く論述していると思われる。

大島氏は、日本人の鎖国意識が、日本人の閉鎖性や単一民族意識、他者に対する優位意識など、その歴史観や民族としての発想を規定してきたことを指摘し、これを単なる言葉としてではなく、「言説」と捉え、「未来に開かれた社会を構築していくためには」この、日本人の発想を規定している「鎖国言説」からの解放が必要であると説く。この主張には、私は全く同意である。

一方トビ氏は、「鎖国＝日本の悲劇」的なストーリーが語られてきた経緯を解き明かし、日本がアジアの一員であることを無視してヨーロッパとの関係だけを切り離して論じてきたことを鋭く喝破した上で、近世日本の外交方針が決して「国を鎖す」という消極的なものではなく、江戸幕府が主体的に選択したものであったと主張する。

両氏は直接的な言及を行っていないが、その研究成果は明らかに「鎖国」という江戸期を象徴する体制が後世の創作であることを示唆している。後世とは、言うまでもなく明治新政府から始まる時代、即ち、「明治近代」のことである。

要するに、鎖国ということについて私たちが基本的に知っておかなければならないことは、以下の事柄である。

まず第一に、鎖国という言葉は江戸期全般を通じて存在した言葉ではなく、明治になってから普及した言葉であるということだ。

この言葉の初出は、オランダ語通詞志筑忠雄（中野忠次郎）による訳本で、享和元（1801）年のこととされる。この訳本の写本を『鎖国論』といっており、鎖国という言葉はここから出たとするのが通説である。志筑が訳した原本は、元禄三（1690）年に来日した北部ドイツ出身の医師エンゲルベルト・ケンペルが帰国後に書いた論文である（刊行されたのは彼の死後）。英語で刊行されたこの論文のオランダ語訳本を志筑が訳したのだが、そのタイトルが長過ぎた。『日本王国が最良の見識によって自国民の出国及び外国人の入国・交易を禁じていること』（大島明秀氏）というのだが、志筑は、翻訳本文中に使った一語からこれを『鎖国論』と題した。江戸期日本でこれは出版されるに至らず、限られた範囲に写本として伝わっただけで、そのこともあって鎖国という言葉が江戸社会に広まることは遂になかったのだ。

なお、トビ氏は、英語版から訳して『今の日本人が全国を鎖して国民をして国中国外に限らず敢て異域の人と通商せざらしむる事は、実に所益あるによれりや否の論』としている。英語版の「国を鎖す」の部分は、Keep it shut となっているが、ケンペルが書いた最初のドイツ語版にはこれに相当する表現はないとしている。

では、当時はどういう言葉が使われたのか。それは、単に「御禁制」であり、略して「御禁」、時に「海禁」といわれただけであり、通常の幅広い意味をもっていた。

第二に、例えば「鎖国令」というような一つの法令が発せられて海外との交流が禁止された訳ではないということだ。

そもそも鎖国令という名称の法令など、どこにも存在しない。鎖国という言葉の成立について触れたばかりだが、そのことによってこれは既に明白である。ところが、初等、中等教育の現場ではこのことが今なお無視されているようで、多少歴史を知っている大学生でも、鎖国令という禁令を幕府が発して江戸期の日本が諸外国との交流を自ら絶っていたと信じている者が殆どである。

第三に、後世いわれる鎖国という状態、体制は、時間をかけてステップを踏んで完成したものであるということだ。

「関ヶ原の合戦」に勝利した徳川家康が慶長八（1603）年に征夷大将軍に任じられ、江戸幕府＝徳川幕府の時代、即ち、江戸時代となる。江戸時代に入った途端に〝鎖国〟政策が採られたかといえば、そういう史実はなく、この政策は二代将軍秀忠、三代将軍家光の治世下において順次形を整えていったものである。幕府を開設した家康にはむしろ、国を閉ざすとか海外との交易を禁止するといった意思、意向は、特に開幕初期においては全くなかったようだ。家康が、イギリス人ウィリアム・アダムスやオランダ人ヤン・ヨーステンを厚遇したことは余りにも有名であるし、当時平戸を拠点として対日貿易を展開していた両国に、江戸に近い浦賀に商館を開設するように強く勧めたほどである。

第四に、いわゆる鎖国の眼目は、幕府による貿易管理にあるということだ。「小さな政府」であった徳川幕府としては、外様雄藩、西国雄藩が海外交易によって潤沢になることは脅威である。現実に幕末の薩摩藩などは、密貿易によって大きな利益を上げ、密貿易収入がなければ藩財政が成り立たなかったほどである。

薩摩藩が握っていた琉球貿易は大いに儲かったようで、「船一艘で蔵が建つ」といわれていた。つまり、一航海するだけで蔵が建つほどの利潤が期待できたのだ。もともと火山灰台地である薩摩の土地は米作には不向きで、単位当たりの収量は多くない。米を基軸とする江戸期の経済システムの中で各藩は、和紙、漆器、生糸、塩、更には染料やお茶など、それぞれの特産品の増産を図って現金収入を確保しようとしたが、薩摩には何があるか。煙草、砂糖ぐらいであった。それとて薩摩藩内でも産地が限られ、とても生糸や漆器、お茶などに敵うものではない。かくしてこの藩は密貿易に頼った。この藩にとって密貿易は〝特産品〟であったといってもいいのだ。

江戸幕府成立当初から幕府が危険視し、油断を怠らなかったはずの薩摩島津家は、幕府による貿易管理の目をかいくぐって結局密貿易によって財を蓄え、それでイギリスから最新鋭の兵器を購入し、軍事クーデターによって幕府を倒してしまうのである。貿易管理というものの、幕府の管理が緩かったということになるだろう。

幕府は座していた訳ではなく、確たる証拠を掴むためにしきりに密偵を放ったが、島津領内に入った密偵が生きて還ることは殆どなかったといわれる。これら密偵のことを「薩摩飛脚」というが、この言葉が今日まで伝わるほど、その存在は半ば公然としたものであったともいえるだろう。

それにしても、「尊皇攘夷」の強硬論を黙認するかのように己の立場として装って、開国路線に乗った幕府に抗して遂にはこれを倒した薩摩藩が、密貿易とはいえ海外交易の利潤によって成り立っていたとは実に奇妙な話のように思えるが、こういう点にも官軍教育の意図的とも受け取れる不備があるのだ。

いずれにしても、鎖国ということについては、以上の四点を基礎的な知識とした上でその実態を考えていく必要があるのだ。

私が、中学、高校で受けた日本史教育では、この四点は全て欠落していて、幕府が頑迷に守り通そうとした不条理な排外主義としてネガティブに教え込まれたのである。

今もなお「第一次鎖国令」「第二次〜」などと歴史書の類でも公然と表現されているが、「御禁制」が出された時期とその内容を簡略に列記しておこう。

寛永十年　１６３３　海外在住日本人の帰国を制限
寛永十一年　１６３４　(前年とほぼ同じ内容)
寛永十二年　１６３５　海外渡航・海外在住の禁止　帰国の禁止
寛永十三年　１６３６　切支丹訴人に対する懸賞金の増額
寛永十六年　１６３９　ポルトガル船の来航禁止

鎖国という言葉が明治になってから一般化した言葉であることは述べた通りであるが、ここでは、後にその言葉で呼ばれた江戸期の対外関係の状態を便宜上そのまま「鎖国」と表現することにする。

江戸幕府の外交政策を考える時、一貫して強烈に貫かれていた軸が「キリスト教の禁止」である。外交政策のみならず、これは江戸国家体制の維持という視点でみても、国家の基本方針という位置づけをされていたといっていいだろう。
ところが、今なお多くの学者がこの政策を「切支丹の弾圧」として、実に屈託なく、軽々しく述べることが多い。
鎖国がどういうステップを踏んで形成されていったかをふり返ると、既に述べたように、基盤に横たわる要因としては戦国末期まで遡らないと理解できない歴史事実が存在する。切支丹勢力による日本人の輸出やキリスト教への強制改宗、仏教文化の破壊である。

南蛮人が初めて日本に来航したのは、天文十二（１５４３）年とされており、それはポルトガル人であって、彼らが種子島に鉄砲を伝えたということになっているが、これが間違いのない史実かどうかは意外に定かではないのだ。バスク人の宣教師フランシスコ・ザビエルが天文十八（１５４９）年に来航し、我が国にキリスト教を伝えたことは定説となっており、大体十六世紀の半ばから南蛮人の渡来が始まったと考えておけば、大きな間違いはない。

では、スペイン人、ポルトガル人、即ち、南蛮人の渡来目的は何であったのか。私たちは、単純にキリスト教の布教であると考えてきた。そのように教えられてきたのである。確かに、先ず渡航してきたのが宣教師たちであるという事実から、表向きはそれで間違いではない。では、布教だけが、或いは布教と交易だけが目的であったかといえば、そのようなことはあり得ないのだ。何のために布教するかを考えてみればいい。

この時代のキリスト教宣教師たちのキリスト教圏外への布教とは、宗教のもつ根源的な善意の教宣意識から発した行動のみではないのだ。結論からいえば、布教の最終目的は布教地の征服であった。征服の形が産業革命の進展とともに「植民地化」という形を採るのだが、要するに民族という枠を無視、または排除して同一宗教化するということである。

これは、キリスト教という一元思想的な性格をもつ宗教が本質としてもっている膨張主義であると考えることができるが、後世、共産主義という思想が民族、国家の枠を超えて常に対外膨張を志したのも、結局はそれが一元主義的思想に他ならないからである。その共産主義が宗教を否定してきたことは、茶番ともいえる皮肉な現象であるが、それもまた一元主義ならではの稚拙な現象であるといえるだろう。勿論、共産主義者がお題目のように唱える「科学的」という思考回路を精緻に分析しないと、私の言い方は単なる「乱暴」といわれても仕方がないのだが、一元主義の克服が世界的に今日的な課題であることは否定のしようがないのだ。

メキシコから南米にかけて高度に栄えたアステカ文明、インカ文明を、スペイン人が抹殺してしまったことを思い起こせば分かり易い。この出来事は、野蛮人が文明国を侵略した典型事例であるといってもいい。当時のスペイン人やポルトガル人には、何が野蛮で何が文明かの区別すらついていないのである。

スペイン・ポルトガルが両国で世界を分割しようと真面目に考えた（トルデシリャス協定）十六世紀半ば以降、即ち、戦国末期から江戸期にかけて日本でキリスト教布教を展開した中心勢力が、イエズス会であった。

イエズス会とは、「教皇の精鋭部隊」とも呼ばれる男子の修道会で、中心的な創立メンバーが騎士たちであったせいか、多分に軍隊的、戦闘的な性格を帯びていた。フランシスコ・ザビエルは、創立メンバーの一人である。ザビエルと並んで我が国でよく知られているのは、織田信長の庇護を受け、有名な『日本史』を著したルイス・フロイスであろう。

ルイス・フロイスは、永禄六（１５６３）年に来日したが、彼が活躍した時代とは、大雑把にいえば信長・秀吉の時代である。私たちは、この時代の後半を安土桃山時代と呼んだりするが、打ち続く戦乱が終息していた訳ではなく、この時代は末期ではあってもまだまだ戦国時代であったと認識すべきなのだ。フロイスも、その著作

『日本史』（平凡社刊など）において特に九州で行われた大小多くの戦についてその実相を伝えている。

戦の主役は、傭兵を含む雑兵である。彼らは、戦場で何をやったか。これも既述した通り、殆ど例外なくはっきりしている。乱獲り、掠奪、生産破壊である。掠奪も含めた濫妨狼藉を乱獲りと総称することも多い。これらは、放火や強姦などを伴い、時に戦術として展開された。

雑兵たちのこういう行為を、例えば倫理の欠落だとか、例えば極悪非道というのは容易い。しかし、雑兵たちは、生きるために合戦に参加し、生きるために掠奪を行っていたこともまた、紛れもない真実なのだ。

この時、掠奪の主たる対象は何であったか。食糧と人である。そして、よりいい稼ぎになったのが人であって、人の掠奪という事実を無視して戦国期の戦の実相というものは語れないのだ。更に推し進めて知っておくべきことは、主に九州の戦場における掠奪した人の売買、即ち、人身売買に、イエズス会や南蛮船が深く関わっていたという史実である。

実はこのことが、鎖国と呼ばれる政権の採った政策の背景に厳然と横たわっているのだ。史実としての鎖国というものを理解するには、少なくとも戦国の戦場で繰り広げられた人の掠奪とその売買の現場まで遡る必要があるのだ。

掠奪の対象の中心が物より人であったとは、どういうことなのか。餓死を防ぐには、とりあえず食糧を掠奪すればそれで事足りるではないか。そもそも人の掠奪が、何故、どういう形で「稼ぎ」になったのか。

女をかどわかして遊女として売る、という稼ぎ方は、現代人の貧困な想像力の域を超えていない。確かに遊女として売られるということは普通にあったが、戦国期の戦場で繰り広げられた男女の生捕りは、そのような生易しい規模ではなかったのだ。

九州で繰り広げられた殺戮と乱獲りの様子については、フロイスも豊富な記録を残している。

ルイス・フロイスに改めて触れておこう。ポルトガル出身の宣教師、イエズス会会員として戦国期の日本で布教活動を行い、織田信長、豊臣秀吉にも謁見したことで知られる。その著作『日本史』は特に著名である。その他、永禄六（１５６３）年、長崎・横瀬浦に上陸し、慶長二（１５９７）年、長崎で没するまでの三十四年の間に『イエズス会日本通信』『日欧文化比較』『二十六聖人の殉教記録』など戦国期社会の解明に欠かせない貴重な資料を残した。

戦場で掠奪に遭った者はその後どうなるのか。物と全く同じように売られるのだ。

召使いとして掠奪した側に使役されるということも勿論あったが、その種の需要だけなら合戦においてあれほど大規模な生捕りは起きないはずである。物として売ることによってはじめて「稼ぎ」になるのだ。

かなりの数の生捕りに遭った日本人が東南アジアで売りさばかれたのである。このことは、誰も否定できない、記録にも残る明白な事実である。一説によれば、その数は少なくとも十万人を超えるという。

彼らの多くは、「軍役に堪える奴隷」「軍事に従う奴隷」として重宝されたのである。その中心地は、マニラ、マカオ、シンガポール、シャムなどであった。彼らを東南アジアに運んだのは、主にポルトガルの黒船である。そして、初期においてはイエズス会自身が、この奴隷売買に加担したことが判明している。神の名をかたり、奴隷売買に加担していたのである。この事実が、日本人に、時の日本の政権に、ポルトガル人＝切支丹の恐ろしさを焼きつけることになってしまった。

前述したルイス・フロイスは「奴隷売買」についても多くの記録を残した。以下も、その一つである。

――三会（みえ）や島原の地では、時に四十名もの売り手が集まり、彼らは豊後の婦人や男女の子供たちを、貧困から免れようと、二束三文で売却した。売られた人びとの数は夥しかった。――

これは、肥後の者が島津軍から戦争奴隷を買い取ったものの、飢饉となって奴隷すらも養い切れず、島原で転売した時の様子である。フロイスは「二束三文」と表現するが、そういう安値で叩き買ったのは誰か。この点だけはフロイスは黙しているが、それはポルトガル商船であったというのが、藤木久志氏を始めとする複数の研究者の見解、推断である。

私たちは、「奴隷」という言葉に疎い。アメリカへ売られてきたアフリカからの奴隷のことは知っていても、自国の長い歴史の中に「奴隷」の存在があったことを知ろうとしない。乱獲りに遭って捕獲物として二束三文で売り買いされた人びとは明らかに「戦争奴隷」である。そして、この存在が伴天連禁止令、鎖国と深く結びついていることを知らなければならない。

当時、マカオやマニラには多数の日本人奴隷がいた。九州では、伴天連の協力を得て、ポルトガル商船が多くの日本人男女を買い取り、平戸と長崎からせっせと東南アジアに積み出していたのである。伴天連たちにとっての権威であるイエズス会が、日本から少年少女を奴隷として積み出そうとするポルトガルの人買い商人に輸出認可証を発行していたのである。

当時のヨーロッパ人の通念として、ポルトガル人たちも「正しい戦争によって生じる捕虜は、正当な奴隷である」と考えていた。では、どれが正しい戦争で、どれが正当な奴隷なのか。イエズス会は、日本人にはそれを判別する習慣がなかったので、必然的にその判別能力はないとしたのである。十四、十五世紀から二十世紀までのヨーロッパ人という数種の民族は、人類史上例をみない残虐な傲慢さを露骨に表に剥き出した、実に醜い存在であったといっていいだろう。

天正十五（１５８７）年、豊臣秀吉は「島津征伐」（九州征伐）を敢行し、島津氏を破り、遂に九州全域を支配下に置いた。この時点で、秀吉は北条氏支配下の東国以北を除く日本列島のほぼ半分を支配下に置いたことになる。島津征伐の軍を返す時、秀吉は博多でイエズス会宣教師コエリョを詰問した。ポルトガル人が多数の日本人を奴隷として買い、南方へ連れて行くのは何故か、と。

この時、コエリョは「ポルトガル人が日本人を買うのは、日本人がポルトガル人にそれを売るからである」と、〝見事な〟回答をしている。依然として増え続けている振り込め詐欺について、その余りにも簡単な騙され方を指して「騙される方が悪い」

という声が根深く存在するが、コエリョの回答はどこかこれと論旨が似ているではないか。尤も、これを論旨とは言わない。コエリョの回答は、「売る」方がいるから「買う」者が出現する、買われて困るのなら、売らなければいいという、当時のヨーロッパ人らしい傲慢な開き直りであった。

　宣教師ガスパール・コエリョ。インドのゴアでイエズス会に入会し、ポルトガルのアジア侵略拠点マカオを経て元亀三（1572）年に来日、長崎南部の加津佐を中心に活動した。『イエズス会日本通信』を著した人物といえば、学校で習ったことを思い出される方も多いだろう。

天正遣欧使節肖像画（京都大学附属図書館所蔵）

　この『イエズス会日本通信』が書かれたのは天正十（1582）年であるが、この年、「天正遣欧少年使節」がローマを目指して旅立っている。コエリョによれば、この時点で、日本のキリシタンは、有馬・大村・平戸・長崎、そして京・安土を中心にして約十五万人に膨れ上がっていたという。
　有名な四人の「天正遣欧少年使節」は、キリシタン大名大友宗麟（そうりん）、大村純忠（すみただ）、有馬晴信の名代（みょうだい）としてローマへ派遣されたものであるが、彼ら大名の領内はキリスト教以外の宗教を認めないというほどのキリシタン独裁国家であった。

私たち日本人は、明治以降の官軍教育によって、伴天連＝キリシタンは一方的に迫害を受けた宗教弾圧の被害者であったとしか教えられていないが、この時代の九州においては全く逆であった。キリスト教という宗教は、一元主義の排他性の強い宗教であるが、その特性通り彼らは仏教を始めとする他の宗教を徹底的に弾圧した。

大村純忠領内では強制的な改宗が展開され、百姓領民はことごとく伴天連に改宗させられ、その数は四万人に達した。また、有馬晴信は、仏僧に改宗を迫り、これを拒んだ僧を追放し、約四十に及ぶ寺社を破壊した。第二章において、御一新直後の薩長新政権による気狂いじみた「廃仏毀釈（はいぶつきしやく）」について述べたが、あれと全く同じことが、江戸幕府成立以前に「天正遣欧少年使節」の故郷で行われていたのである。宣教師たちは「仏僧は諸人を地獄に落とす者であり、この国の最良のものを食い潰す存在である」と民を扇動した。現在も長崎県南部では、破壊、焼打ちの結果として当時の仏教石造物、寺社建造物は存在しない。

前述したルイス・フロイスも、実は激しい弾圧を行った張本人の一人である。人びとが有馬の仏像を口之津（くちのつ）近くの小島の洞窟に移して隠そうとしたが、これを捕え、大きい仏像を燃やし、小さい仏像を見せしめとして仏教徒の子供たちに村中を引き回させたのである。

当時の宣教師たちは、自ら認めているように日本侵略の尖兵であったが、仏教徒を始めとする既存宗教に対する弾圧者としての彼らと伴天連たちの実相を一度白日の下に晒し、彼らの罪業は遡って糾弾されなければならないのである。

「伴天連ら……日本仁を数百、男女によらず、黒舟へ買い取り、手足に鉄のくさりを付け、舟底へ追い入れ、地獄の苛責(かしゃく)にもすぐれ」という当時の記録が残っている。どうやらイエス様もマリア様も、日本においては伴天連以外は人間としてお認めにならなかったようである。

既にこれ以前より、奴隷と武器は東南アジア向けの日本の主力輸出品であった。弘治元（1555）年に多くの日本女性がポルトガル商人によってマカオに輸入されていることが、マカオ側の記録によって確認されている。

天正十五（1587）年、コエリョとやり合った秀吉は、コエリョの態度によほど怒りを覚えたのか、すぐさま「伴天連追放令」を発令し、その中（第十条）で「人身売買停止令」も併せて発動したのである。江戸幕府にも継承されるキリスト教の禁止という基本方針は、まさにこの時の禁令が端緒なのだ。

つまり、キリシタンの取り締まりと人身売買の停止は、不可分のテーマなのである。それは、日本のキリシタンやその指導者であるイエズス会が、日本人を輸出品として売り飛ばすことによって利益を上げていたからに他ならない。

秀吉は、「人身売買停止」という命令を国内の仲介商人たちにも適用し、現実に掠奪されて売られてきた日本人をポルトガル船に運んだ舟の持ち主を磔刑に処した。

これは、九州を征討した秀吉のポルトガル人＝キリシタンに対する防衛外交の一環とみることができるが、皮肉なことにその秀吉の軍が朝鮮半島において多数の朝鮮人を捕獲していたことも、また事実なのである。更に、倭寇の活動まで遡れば、東アジアにおける奴隷売買の実態はまだまだ全容が解明されていないのである。いずれにしても、戦場で捕獲された百姓や子供たちがキリシタンやポルトガル商人たちの手によって輸出品として売られるという仕組みがあったからこそ、人の掠奪が「稼ぎ」になったのである。

秀吉の「伴天連追放令」は江戸幕府に継承され、このことが幕府の対外政策の基盤となる。つまり、キリスト教勢力の我が国への侵略を断固許さないこと、その芽を早めに徹底的に摘んでしまうことである。

俗にいう鎖国という対外政策は、戦国末期に主にスペイン、ポルトガルという旧教国の我が国に対する露骨な征服プロセスの一端を体験したことがベースとなって採られた政策であったのだ。

第四章　世界が驚いた江戸の社会システム

1　五街道・北前船にみる流通ネットワーク

江戸社会に現出した特徴的な現象の一つは、市場経済がそれまでに比べて格段に発達したことである。

このように表現すると、江戸時代って封建時代で〝経済〟なんてあったの？　というような素朴な疑問を呈する読者も多いことであろう。それは決して恥ずべき疑問ではなく、これまでの歴史教育は江戸期をそのように規定してきたのである。

前章までで基本的な大きな誤解は解けたものとして、本章以降では庶民の日常生活にできるだけ近づいた、具体的な江戸社会の姿を浮き彫りにしていきたい。

いきなり余談に属することを述べるが、江戸時代は封建的、などという時、私たちは封建制という言葉を一体どういう意味で使っているだろうか。

敗戦直後の昭和二十〜三十年代においても、この言葉は「戦前」を指す言葉の一つとしてよく使われた。例えば、

「戦争に負けたのだから、そんな封建的なことを言ってるとダメだ」

といった具合で、私の父なども、

「今はもう民主主義やから」

という諦観したような言い方と一緒にして、頻繁に口にしていたものである。そういう父が、民主主義という言葉の意味を正しく理解していたということは断じてない。

要するに、文明開化主義者がよく口にした「因循」「陋習」といった言葉と同類の意味で使われたようで、平易な言い方でいえば「古臭い」「時代遅れ」といった意味をもたされてしまっていたようである。その時、「だから間違っていた」というフレーズが必ず後ろに付いており、救いのないネガティブな言葉であった。

ところが、本来「封建制」とは、古代中国の地方分権制を指す言葉であって、「分封建国」という言葉に由来する。つまり、統治システム、社会体制の一つを表わす言葉に他ならず、当然「民主主義」や「社会主義」などの対語でもなく、〝悪い意味〟

は微塵ももっていない。ここでいう古代中国とは、周王朝の時代と理解することが一般的である。

中世の北ヨーロッパの一部にフューダリズムと呼ばれる支配・統治形態があった。誰かが、この訳語として「封建制」という言葉を充てたことで余計におかしくなったのかも知れない。

更に、何でも搾取と被搾取という画一的な論理で説明しようとするマルクス主義史観経済学者がフューダリズムの解釈に割り込んできて、益々混乱したようだ。「封建制」という一つの社会体制の名称に「暗黒」というイメージを植えつけた最大の犯人は、マルクス主義者であるといって差し支えない。

ここで封建制の定義を云々する必要は全くないと思われるので、話を戻そう。

江戸時代は、停滞社会ではなかった。著しい経済発展のあった時代である。市場の役割が大きくなって、その直接、間接の影響が社会各層の日常生活に浸透した時代なのだ。尤も、江戸時代＝鎖国という誤解も浸透していたので、江戸期の経済発展を正しく認識している学者でも「拡大されたクローズド・システム」などと語る人もいる。

江戸期日本は、六万以上の村と江戸・京都・大坂・奈良といった大都市及び六十余州といわれる各国の中小都市から成り立っていた。これらは決して孤立していた訳ではなく、相互に経済的な結びつきをもっていたのである。

山村は木材や薪炭、鉱物類を、漁村は魚介類、海藻、塩などを、都市は繊維を中心とした工業製品をそれぞれ他地域へ移出した。そして、これを可能にした行政サービスや情報、物資の集散センターの役割を都市が担った。つまり、徳川幕藩体制とは、商品と貨幣の流通という市場経済の一定レベルの展開を前提として成立していたといえるだろう。そして、経済的な側面でも循環構造をもっていたのが、江戸期社会の特徴である。

武家の支配する江戸期社会では、年貢制度が経済の基盤となっていた。例外は幾つも存在するが、年貢率は天領においては上限が四公六民、大名領では多くが五公五民から六公四民といったところ。税率は、天領の方が低かったのだ。

課税額は検地によって決められた。そして、年貢は、米で納めるのが基本であった（金銭や米以外の産品での納付も一部にあった）。税金を米で納めるということは、米を販売する市場の存在が前提となることは言うまでもない。

なお、課税対象は米を産出する田地だけではない。畑も当然対象となり、屋敷地も同様であった。田畑、屋敷地を合わせて課税額を米の容積＝石高で表わしたということである。即ち、年貢とは、正確には税金としての「米」のことではなく、田畑と屋敷地を合わせた「土地の評価額」のことなのである。

年貢米を納める百姓は村に住み、年貢を徴収する武士階級は城下に集まって暮らしている。秀吉時代に始まった兵農分離は既に完成しており、武士階級とその他の身分階級は明確に区分されていた。士農工商といわれるが、工商身分も原則として武士と同様に都市に居住した。この都市（城下）と農村との間で、商品と貨幣の交換が発生し、行われた。

武士階級の頂点に位置する大名は、大部分が農村である領国を、限度内において自律的に統治したが、妻子の江戸居住が義務づけられ、大名自身も参勤交代制に従って隔年に江戸に居住し、それを実現するために江戸と領国を往復することになる。江戸は、大量の武士人口を抱える巨大な消費市場となったのである。なお、江戸の人口性比が男に偏っていたのは、参勤交代も主要な要因となっていたのだ。

また、大坂・京都を中心とする畿内諸都市は、伝統的に高度な生産技術を備えていると同時に、各領国の物資が集散する中央取引センターとも言うべき機能をもっていた。全国に流通する正貨の発行は幕府が一手に行っており、各領国はこれを入手するために、中央市場である畿内で産品を、特に大坂の米市場で年貢米を販売する必要があったのだ。かくして各領国は、政治的には江戸と結びつき、経済的には大坂と結びつくことになる。

　このように、全国の農村、都市は、領国という単位に括られながらも、米を中心とした農産品と貨幣を媒介として、江戸や大坂と結びついていたのである。江戸期後半になると、中小都市が発展し、中小都市とも結びつくことになった。この交流システムを、水本邦彦氏は「資源循環利用の農村を中核とした分業システム」と呼び（『徳川の国家デザイン』小学館）、鬼頭宏氏は「経済循環構造」と呼ぶ（『文明としての江戸システム』）。

　分業であれ循環であれ、これを成立させた物資の輸送、即ち、流通システムはどうなっていたのであろうか。

　流通システムの主役は、舟運であった。そして、その中心が菱垣廻船、樽廻船や北前船などの沿海航路であり、大規模河川の舟運も時に物資輸送の幹線となった。

　近年は、なかなか米俵を目にする機会はないが、あくまで標準であるが、米俵一俵には四斗の米が詰められている。「斗」と聞いても、もはや分からないという人の方が多いかも知れない。我が国独自の度量衡の単位の一つで、斗は容積の単位である。一斗＝十升の関係にあり、西欧の単位に換算すれば、18・０３９リットルに当たる。

米の場合、一俵は、時代と地方によって異なるが、江戸期の標準は四斗であり、このことは昭和の戦後になっても同じであった。これを重さで表わすと、約六十キログラムとなり、かなり重い。

私は近江湖東（琵琶湖の東側）の農村で育ったが、その幼年、少年時代には年齢によって一定の「資格」があった。十歳になったらこれができなければならない、十二歳になればこれができないと十二歳とは認めないというような、歳に相応していると認められる資格とも言うべき基準があったのである。

十二歳、即ち、小学校六年生になれば、男児は米一俵を肩まで一気に持ち上げ、これを担いで一定の距離を運べなければならないというのもその一つであった。私は幼い頃から痩身であったが、田舎者の常として足腰は強く、こういう力はあった。しかし、持ち上げてしまえばそれなりの距離は歩けるが、肩に持ち上げた瞬間に、一瞬よろけるほどの重さであったことを覚えている。高齢となった今ではもう無理であるが、高齢ならずとも現代日本人には無理であろう。

江戸期の歩荷（ぼっか）（荷物を背負って運搬する人）は、米や塩を背負って何キロもの陸路を歩いたのだ。歩荷が背負うのも、米は一俵であった。馬で運ぶ場合、普通は二俵だが、時に三俵背負わせることもあった。牛車になると、これが一気に九俵に増える。

更に、これが舟になると、川舟で二百五十俵、千石船の廻船になると、文字通り千石＝二千五百俵を積み込むことができたという。

つまり、陸送に比べて大量に輸送できることから江戸期には舟運が発達したのだ。言い方を換えれば、石高制経済が舟運を発達させたともいえるだろう。

代表的な舟運の一つが、北前船である。これは、もともといち早く松前に進出した近江商人が衣類や小間物などの生活必需品を松前で販売し、鰊（にしん）や鮭を始めとする松前の海産物を畿内へ運び込んだことから始まり、宝暦・天明年間に加賀・越前の船主たちが独立して大坂商人と組むことによって成立して発展したものである。

文化文政期に最盛期を迎えた北前船は、大坂への「上り荷」には松前の産品だけでなく、出羽や北陸の米や材木も積み込み、松前への「下り荷」としては米、衣料品から塩、砂糖や酒、紙なども運んだのである。

北前船の特徴は、ただ商品を運搬するのではなく、船主自身が各地の港で産品の売買を行った点にある。これによって、船主たちは大きな財を成した。大和田荘七、銭屋五兵衛、久保彦兵衛、本間光丘（みつおか）、高田屋嘉兵衛などが、北前船で活躍した船主としてその名を残している。

周知の通り、司馬遼太郎氏の小説『菜の花の沖』は、ロシア艦に拿捕（だほ）された高田屋

嘉兵衛を描いたものである。また、GHQによる農地改革までは日本一の大地主であった酒田本間家は、

「本間様には及びもないが、せめてなりたや殿様に」

と詠われたほどの栄華を誇った。本間家の財力は庄内藩をも潤し、戊辰東北戦争の際、同藩は最新鋭の武器を装備していた。この時、本間家は、七十万両という莫大な軍資金を藩に提供している。

一方、江戸と大坂の間には、元和年間から定期貨物船として菱垣廻船が就航しており、木綿、酒、醤油、紙などをはじめとする生活用品、飲食品などを消費地江戸へ運んだ。これは、堺の商人が始めた廻船である。

享保に入ると、酒樽を専門に廻送する樽廻船が生まれた。これは、小早(こばや)と呼ばれる船足の速い船を使って、腐り易い酒を迅速に江戸へ運ぶという、酒造業者の要請から生まれたものである。後に、酒以外の品々も低運賃で引き受けたため菱垣廻船との間で熾烈な競争が発生し、最終的には競争に敗れた菱垣廻船が衰退していった。

東廻り航路、西廻り航路が整備された近海舟運は、江戸期物流の主役として活況を

呈していたのである。

陸路では街道が整備された。

江戸期の陸路の幹線は、五街道と呼ばれる五つの主要な街道であった。いずれも日本橋を起点とする、東海道、日光道中、奥州道中、中仙道、甲州道中を指す。この順番は、整備された順番である。

街道の整備は、「関ヶ原の合戦」直後の慶長六（1601）年から始まっており、五街道を基幹街道と位置づけたのは四代将軍家綱の治世下であるとされる。

街道の整備とは、単に道幅を拡げて、いざ事が起きた時に軍勢が通れるようにするということだけではない。宿場の整備、一里塚の設置、宿駅制度の構築など、戦国期までとは違った街道整備が求められたのである。

軍勢の移動だけなら、信玄棒道（ぼうみち）に代表される棒道の建設だけで事足りるであろう。

信玄棒道は、武田信玄が信濃方面へ最短で軍勢を送れるように開削したとするのが通説であるが、実はこれがはっきりしない。上ノ棒道、中ノ棒道、下ノ棒道の三本が存在したことは、どうやら間違いなさそうであるが、平安期に既にその前身となる道が存在していたこともあり、地元民の自然道ではなかったかという説すら存在するのだ。

江戸期の街道整備は、国家プロジェクトであったといっていいだろう。

最初に整えられた東海道は、徳川国家を代表する街道であった。この街道は、徳川の領国・江戸と京大坂、具体的には伏見・大坂と駿府、江戸を結ぶことを意識して設けられたものである。

慶長六（１６０１）年一月というから、「関ヶ原の合戦」の僅か半年後であるが、家康は東海道の宿場を定め、各宿場に「伝馬定書（てんまさだめがき）」を交付した。これによって、宿場常備の伝馬を三十六疋と定め、受け持ち区間を指定した。馬一疋の積載重量も上限三十貫に制限した。三十貫ということは、百十二・五キロである。宿場は、人足も百人用意することが義務づけられた。見返りとして、馬一疋につき四十坪の屋敷地が無税となった。現代流にいえば、固定資産税の免除である。

中仙道妻籠宿

この時、同時に「伝馬朱印状」の発行も制度化され、朱印状を持参した者にのみ宿場は人馬を無償で提供する。これが、江戸期の「宿駅制度」の骨子である。

寛永年間（１６２４～４４）に、東海道の各宿は百人、百疋、中仙道は五十人、五十疋、日光・奥州・甲州各道中は二十五人、二十五疋とされた。但し、中仙道の木曽路十一宿や信濃路の一部は、二十五人、二十五疋とされている。

とはいっても、この人馬の数では足りない時が出てくる。そういう時、宿場は近在の村から人馬を借りた。このような〝助っ人〟をしてくれる村を「助馬（すけうま）」の村といったが、元禄七（1694）年に幕府は、東海道、中仙道について各宿ごとに「助馬」の村も指定した。これを「助郷（すけごう）」という。

この制度の主たる利用者、受益者は、公用の旅をする者、即ち、武士であった。参勤交代は、その代表的なものといっていいだろう。公務旅行者は「伝馬朱印状」をもっているが、朱印状には無料で提供が受けられる人馬の数量が記載されている。それを超える場合は、超過分が有料となる。その時の値段は四段階あって、これを、道中奉行が定めたところから「御定（おさだめ）賃銭」といった。

公務旅行者には、幕府の公用文書などを運ぶ「継飛脚（つぎびきゃく）」や大名飛脚、町飛脚などもいる。彼らも、宿立（しゅくだて）人馬を利用したが、一般庶民はこれを利用することはできず、相対賃銭を支払う必要があった。相対賃銭とは、当事者取引による〝市場価格〟のことをいうが、宿駅利用における相対賃銭は、公定賃銭の二倍であったという。

この江戸期の宿駅制度は、江戸期に突然現れたものではない。古代律令時代の「駅伝制」や鎌倉幕府の「早馬」がベースになっている。とはいえ、宿場の陣容を整備し、街道に一里塚を設けて旅の便宜を図り、要所には関所を設けるなどの施策を含めて、俯瞰的な目でみればこれはやはり江戸社会を支えた一つの流通・通信システムであったといえるだろう。

平和の持続、庶民生活の質の向上によって時代が下るとともに旅人は増えた。前章でみた高崎の豊七もその一人である。そうなると、宿場の負担、特に助郷の負担が益々大きくなった。幕府は、地子（今の固定資産税）を免除したり、補助金を出したりして制度維持に努めたが、それでも嘆願、請願が相次ぎ、中には一揆に発展したケースもあった。

宿駅制度を前提として幕府が旅人を手厚く保護したことも、宿場の負担を大きくした面があったかも知れない。

やはり前章で触れた、草津温泉を死に場所と定めた、伊豆長浜村勘助の事例がそれに当たるだろう。その他、もし旅の途中で路銀がなくなって旅が続けられなくなった場合はどうなるか。放置して行き倒れ、というのは、幕府としては幕府治世の基本方針に関わる〝失政〟であり、容認できないことであった。何せ、道中奉行というのは幕府官僚の中でもエリート中のエリートであった勘定奉行、または大目付が兼任することが多かったのである。「行き倒れ」などという事態は、「公儀の威信」に関わることであった。

路銀をなくして困っている者は、宿場から宿場へとリレー方式で繋ぐ宿駅の仕組みで在所まで送り届けたのである。何もそこまで、と思うが、これが良しにつけ悪しきにつけ面子（めんつ）、威信にこだわった江戸幕府であったのだ。

なお、街道に沿って設けられた宿場町は、一定の規格に従って整えられた、江戸社会を代表する町の一つであった。

碓氷峠の東麓、松井田宿と軽井沢宿の間に設けられた中仙道坂本宿。この宿場の東西の木戸の距離、即ち、町並みの長さは約八百四十メートルにも及ぶ。家並みは北側八十二軒、南側七十九軒、人口は８２２人。一軒当たり四反五畝（せ）もの畑が付いていた。町並みの中ほどに本陣が二軒、脇本陣は四軒あったようだ。旅籠（はたご）の数は大小合わせて五十五軒。本陣が二軒あることと併せて、この旅籠の数からいえば、この宿場は規模の大きい部類に入る。

こういう宿場には、酒屋、風呂屋、米屋、魚屋、豆腐屋、医者、按摩、材木屋から下駄屋、呉服屋、仕立屋まで揃っており、炭焼・木挽がそれぞれ三軒、女郎屋、茶屋がそれぞれ六軒もあり、大工、鳶、左官といった職人もいた（数字は『徳川の国家デザイン』）。

坂本宿は碓氷峠の麓に位置することから利用客が多く、規模の大きい部類に入るが、幕府は五街道や脇往還（脇街道）にこのような形式の宿場町を整備したのである。

なお、脇往還とは、五街道に付属する幹線街道であり、水戸佐倉道、例幣使街道、日光御成道、伊勢路、佐渡路、北国街道、羽州街道、松前道等々がある。

街道といえば関所が厳しく通行を管理していたというイメージをもっている読者も多いだろうが、それは映画などの創作と考えた方がいい。先に、出稼ぎ奉公のことを述べたが、映画のような関所があればあのように活発な労働移動は不可能である。出稼ぎ奉公人や一般の旅人に対して、関所は決して恐ろしい所ではなかったし、どうしても通りたくなければ横の道を通ればいいだけのことである。

「入り鉄砲に出女」といわれたことが、殊更関所のイメージを悪くしたようだ。確かに関所は、江戸防衛という軍事目的で設けられたものであるが、設置エリアは近江から越後の範囲であって、その数はこの広域で五十七関に過ぎない。

鉄砲に関しては「入り鉄砲」だけでなく、「出鉄砲」もチェックされたのは当然であろう。江戸への「入り鉄砲」には、老中または幕府留守居の手形が必要であった。

逆に、江戸から国許へ向かう「出鉄砲」についても、大名家発行手形で済む関所もあったが、やはり多くは老中または留守居の手形が必要であったのだ。

一般庶民の場合は、男性は町年寄や庄屋、或いは旦那寺発行の往来手形でよかった。先述した長浜村勘助は、旦那寺発行の手形で草津へ向かった。

これに対して女性の場合は、指定役所発行の「女手形」が必要であった。例えば、江戸に住む女性は幕府留守居発行の女手形が必要であったのだ。今どきなら差別として糾弾されるところだが、確かに男性に比べれば不自由であった。そして、この措置は大名子女の江戸からの逃亡を阻止するためであるといわれてきて、今でもそのように信じられている。

しかし、それは殆ど正しくない。仮に、大名の正室や子女が江戸から出て国許へ逃げ帰ったとして、もはや、それで領主が幕府に反旗を翻すことができるような脆い政権の時代ではなかったのである。

これは、各藩の人口管理の問題に由来している。子供を産むのは女性である。その女性が大量に領内からいなくなれば、その藩の人口は先々どうなるか。つまり、「少子化」を心配したのである。

例えば、若狭小浜藩では、国を出る場合は、小浜町奉行、敦賀町奉行など指定役所の女手形が必要であった。更に、四ヵ所の「女留番所」、つまり、女性専用関所のような機関を設置していたのだ。

ところが、藩に入ってくる女性については、ノーチェックであった。それが慣例だ、というのである。出ることについては厳しく、入ってくることにはノーチェック。この一事が「出女」管理の実相を端的に表わしている。

さて、海路、陸路の流通網は、さまざまな物を運んだ。

日本海側糸魚川から塩尻に至る千国街道、太平洋側足助から塩尻に至る三州街道は、歩荷が塩や海産物を内陸に運んだことから「塩の道」と呼ばれる。二つの街道は、本州を縦断する分水嶺でぶつかり、その地を「塩尻」というようになった。

若狭から西近江路、鞍馬街道を使って鯖を中心とした海産物を京に運んだ道は「鯖街道」と呼ばれる。古くは、この道は藤原京へ塩を運んだことでも知られる。また、北陸と京の物流には、琵琶湖も「海道」として利用された。越前、越中、若狭の年貢米は、琵琶湖の舟運によって京に運ばれ、その後、陸路を大坂蔵屋敷へと向かったのである。

北前船から琵琶湖舟運に至る海の海道、五街道から塩の道、鯖街道に至る陸の街道。これらの網の目状に張り巡らされた流通網が運んだものは、物資だけではなかった。京の文化を北陸・奥羽へもたらし、北国の習俗を畿内へもち込んだのも、これらの流通ルートであったのだ。

2 通信システムとしての飛脚制度

流通インフラの整備は、通信システムを支え、発展させるものであるが、信書や荷物、金銭などを運ぶ「飛脚」は、江戸期の通信システムを担う中心的な存在であった。その歴史は古く、平安時代の「脚力（かくりき）」が起源とされている。

「飛脚」という言葉そのものは、平安時代末期には既に生まれていたようである。律令制下では、国司（こくし）が死去したとか、地方で争乱が起きたというような、政治・軍事的な情報を京に伝えることが任務であった。

源平合戦時には源範頼・義経の兄弟が平氏を討つために西国へ侵攻したが、この時も鎌倉にいる兄頼朝に飛脚を走らせ、戦況を伝えている。範頼は頻繁に飛脚を遣わし、情勢を逐一頼朝に報告したが、義経はあまり情報を伝えなかったようで、こういうことが頼朝の不信を招いた一因ともみられている。いつの時代も、情報は人間関係、信頼関係の礎だといえるようだ。

鎌倉時代に入ると、京における幕府の拠点が六波羅にあったことから、鎌倉と六波羅を結ぶ「鎌倉飛脚」や「六波羅飛脚」が設けられた。六波羅〜鎌倉間が最速約72時間で結ばれ、京・西国で有事事態が発生しても、それがすぐに鎌倉へ伝わるシステムが築かれていたのである。

室町時代は京都に幕府が置かれていたが、関東を統治する機関として鎌倉府が設置されており、やはり京都と鎌倉を結ぶ「関東飛脚」が設けられた。

戦国期は各地の勢力が各所に関所を設けていたので、領国間をまたいでの通信は難しくなった。そのため、領国をまたいで情報を伝達する際は、然るべき家臣が僧や山伏などに変装してその役割を果たすことが多かった。馬で駆けるのは目立つので、徒歩での移動が増えたのもこの時代の特徴である。但し、他国からの侵攻や謀反などの緊急を要する際には、夜通し駆ける「早飛脚」で情報を伝えた。更には、江戸期の伝馬制のように交代しながらリレーで情報を伝える「継飛脚」も登場した。大坂〜名護屋間に継飛脚制度が設けられたのは、豊臣秀吉が朝鮮出兵を行っていた文禄二（1593）年のことである。

当時はまだ豊臣家も全国政権となっておらず、中央の統制がとれていない時代でもあったことから、北条氏のように領国内だけの飛脚制度を整備していた例もみられる。

因みに、鎌倉時代に一遍上人が開いた時宗には「鉦打ち」と呼ばれる遊行僧がいたが、戦国末期には彼らが飛脚の役割を担ったこともある。遊行僧は関所の通行がフリーであった上にもともと地理に詳しいので、適任であったかも知れない。

豊臣秀吉が朝鮮出兵を行った際には、前述した通り、前線基地である肥前名護屋と京・大坂を結ぶ継飛脚制度が設けられた。この時、名護屋城大手門を起点にして一里塚も設けられ、秀吉が創ったところから「太閤一里塚」とも呼ばれている。

当時の継飛脚は一定の間隔で定時便として出ていたが、戦況によっては「早道」と呼ばれる臨時便も出ていた。これが江戸期に引き継がれ、飛脚制度は街道や宿場の整備・発展とともに整えられていった。

江戸期の飛脚にはさまざまな種類があり、幕府の公用便として用いられたのが「継飛脚」である。これを使用できるのは老中、京都所司代、大坂城代、駿府城代、勘定奉行、道中奉行に限られており、宿場で人を替えながら荷を運んだ。重要文書や荷物が入った箱は「御状箱」と呼ばれ、街道では御状箱の通行が何よりも優先されたのである。大井川では増水すると渡河が規制されたが、通行再開の際には御状箱を担いだ継飛脚が誰よりも先に通された。

継飛脚は宿場から宿場へのリレー方式で成り立っており、江戸〜京都間を2日+16〜18時間という驚異的なスピードで結んだのである。『東海道中膝栗毛』の弥次さん・喜多さんは江戸から四日市まで12日、近藤勇ら新撰組の試衛館メンバーが上洛した際には中仙道経由で16日かかっていることを思えば、リレー方式とはいえ、江戸から京都まで約3日で走るのが如何にとんでもないスピードであったかが分かるだろう。

継飛脚（葛飾北斎画『富嶽百景』「暁の不二」国立国会図書館蔵）

飛脚などの伝馬役が住んだ町を「伝馬町」といい、江戸には日本橋近辺に「大伝馬町」「南伝馬町」「小伝馬町」という三つの伝馬町が置かれた。大伝馬町と南伝馬町は街道筋の伝馬を、小伝馬町は江戸廻りの伝馬をそれぞれ担っていた。広く知られる通り、伝馬町という地名は今も健在である。

飛脚の便にはそれぞれ定められた刻限があり、3日で届けなければならない緊急性の高い便があれば、10日以内に届ければよいというものもあった。日数が短いほど多くの飛脚を必要とし、例えば、3日コースの場合は6人の飛脚が付いていた。

また継飛脚は、宿場に着くと「〇日の〇の刻に着いた」という刻付を記録し、受取書を受け取るルールになっていた。当時の通信・通運は途中で不慮の人災・天災に遭遇して荷の到着が遅れたり、届かないこともあったが、幕府の公用便に限ってはそのような事態が発生することは絶対にあってはならないのだ。そこで詳細に記録を残し、荷の走行を管理していたのである。

しかし、なかには飛脚便が多い品川や川崎をスルーする者もいた。刻限を守ることを優先させたのだが、この責任感が逆にトラブルの原因になることも多々あったようである。

享保十九（１７３４）年の記録によれば、継飛脚は一年間で５７８１便も出ている。３６５日で割ると一日約15便となり、江戸期の情報流通量が如何に多かったかを窺い知ることができるのである。

江戸期の飛脚には、他にも「大名飛脚」や「町飛脚」「米飛脚」などがあった。

大名飛脚とは、諸藩が国許と江戸藩邸を結んで走らせた飛脚である。有名な大名飛脚としては、月に三度出したことが名前の由来になっている加賀藩の「江戸三度」、七里ごとに小屋を置いた御三家尾張藩・紀州藩の「七里飛脚」などがある。基本的には藩の足軽や中間が飛脚を務めたが、維持費がかかるため、次第に町飛脚へ委託する藩が増えていった。いってみれば、飛脚業務の外注化である。これを「御用飛脚」といった。

町飛脚は一般市民も利用できる飛脚で、民間の飛脚屋や飛脚問屋が走らせていたものである。特に江戸・大坂・京都の三都間を定期的に結ぶ便が発達し、広く利用された。道中の運行の指示は「宰領」という監督者が務め、途中で人馬を替えながらリレー輸送するのだ。宰領自身は乗馬し、防犯のために長脇差を帯刀していた。

大名飛脚や町飛脚は、日を決めて定期的に往復したことから「定飛脚」と呼ぶこともある。但し、京都では16軒の飛脚問屋が順番に飛脚を発したことから「順番飛脚」、大坂では、毎月2日・12日・22日に飛脚を発したことから「三度飛脚」とも呼ばれていた。無宿渡世の博徒のことを「三度笠」と呼ぶが、これは彼らの笠が「三度飛脚」の笠と同じであったからだという説がある。

明治維新後は、越後出身で駅逓司（逓信省の前身）所属の前島密（ひそか）が、イギリスを参考にした郵便制度を創設したことになっているが、実は私が徳川近代と呼んでいる江戸末期に、かの小栗上野介が郵便制度を構想している。いずれにしても、明治維新によって江戸期の飛脚制度は終焉を迎えることになるが、前島は飛脚の関係者から事情を聞き、飛脚として活躍した人足を使って近代郵便制度をスタートさせたという経緯がある。学者の中には「近代郵便制度は前島密のオリジナルである」と主張する人が多いが、実際は江戸期のシステムを引き継いで築いたものであった。

このようにみてくると、江戸期の飛脚制度が実に緻密に、また厳密にできていたことが分かる。

お馴染み「忠臣蔵」の物語は、殆どの人が知っているだろう。殿中松の廊下で赤穂藩主浅野内匠頭（たくみのかみ）が吉良上野介に対して刃傷（にんじょう）に及び、即日切腹処分となった。赤穂藩江戸表は直ぐ早駕籠を仕立て、この一大事を国許赤穂へ伝えたのであるが、時間差で二度仕立てられたこの早駕籠は、江戸・赤穂間を4日半で走破している。通常の早駕籠でも、江戸・赤穂間は一週間かかる。非常時にこのような対応ができたのも、江戸期の流通インフラと通信制度の完成度の高さがあってのことなのだ。

3　何が環境と資源を守ったのか

地質学者は、日本列島のことを「花綵列島」と呼ぶ。弧状の花づなのように美しい列島という意味である。また、私たちの先人は、この島国を「秋津島」という美称で呼ぶことがあった。外の人から見ても、この列島に生きていても、この列島は美しいと賛美されてきたのだ。明治近代になって初めてのことであるが、今また同じような評価が世界に広まっている。

確かに、あのイギリス公使オールコックも、大森貝塚を発見したことで知られるモースも、女性旅行家イザベラ・バードも、緑の豊かさ、緑に彩られた街道の美しさ、農村風景のたおやかさに感激し、それを讃えている。

「都心から出発するとしても、どの方向に向かってすすんでも、木のおいしげった丘があり、常緑の植物や大きな木で縁どられたにこやかな谷間や木陰の小道

がある」(『大君の都』オールコック)

　このことは、単なる自然の恩恵ではない。この自然の美しさそのものが、アメリカの日本研究家コンラッド・タットマン氏が、その著『緑の列島(原題)』(邦題『日本人はどのように森をつくってきたのか』築地書館)において鋭く指摘しているように、私たちの先人が日々の営みを通じて創り出したものなのだ。つまりは、歴史の遺産そのものといっていいのである。そして、私のいうその先人の殿(しんがり)に、江戸の日本人がいるのだ。

　緑の列島は、古代に一度大きな自然破壊の犠牲になったことがある。今の中国山脈は、禿山になってしまったのだ。森や林がなくなると、或いは、山が禿げてしまうとどういう被害が発生するか、どういう影響が現出するかについては、私如きが今更述べるまでもないことである。

　原因は、朝鮮半島から渡ってきた、鉄を産する人間が、タタラ製鉄を盛んに行ったことにある。この製鉄法では、原料として砂鉄の他に大量の木炭を必要とする。近世のタタラ製鉄における精錬は屋内精錬であるが、古代のそれは「野鈩(のたたら)」、即ち、露天精錬であった。後世でいう「鉄山師(てつざんし)」は、一山の材木を使い尽くすと次の山へ移っていき、山という山を禿山にしてしまったのだ。この製鉄法は、タタール（韃靼）人が朝鮮半島を経てもたらしたとする説があるが、確定的ではない。

大きな時代の流れでみると、古代とは「合理」の時代で、それに反動した中世は「精神」の時代であった。そして、「精神」にぶれすぎた中世を打破した「近代」が、再び「合理」に価値を置く時代として登場したのである。つまり、世界史の基準に沿っていえば人類の歴史は、「合理」に価値がある時代と「精神」に価値を認める時代を繰り返し、循環しているともいえるのだ。言うまでもなく、これは実に大雑把な時代の捉え方である。

大雑把ではあるが、基礎的に重要な時の流れの把握であって、こういう視座をもってはじめて日本独特の「近世」＝江戸時代の独自性を理解することが可能になるのではないか。

そこで一つ納得がいくことは、古代と近代が「合理」にこそ価値を置くという点で、根源的な共通点があるということだ。合理を求めることは、利便性や効率を求めることでもあり、これらすべてが満たされる過程を「進歩」としてきた。この進歩の裏側に、環境破壊という現象がくっついていたのである。現実に、地球規模の環境破壊が起きたのは、古代と近代なのだ。日本列島の山や森林が破壊されたのも、古代と近代である。

では、日本独特の近世＝江戸時代はどうであったのか。この時代は、近代になり得る要素を獲得した時代ではあるが、前時代である中世の価値を全否定しなかったという稀有な時代であった。近世の独自性ということをひと言でいうとすれば、そういうことになるだろう。明治近代が前時代の江戸を無条件に全否定したことを思えば、やはり稀有な時代としか言い様がないのだ。

この論は、ひとまず措く。

実は、戦国期から江戸初期は、危うく森林破壊、自然破壊の時代になりそうな時代であった。もし、江戸人の知恵ともいえる価値観がなければ、日本史も「近世」という時代をもたず、中世からいきなり「自然破壊の近代」へ突入していた可能性すらあったのだ。

この危険な時期に何が起きていたのかといえば、人口の増加と市場経済の拡大である。

人口の増加は、それを養う食糧確保の必要を生み、耕地の拡大を促した。新田が盛んに開発されたのである。戦国大名の生き残りをかけた政策もこれを後押しした。増加する人口を養うために盛んに新田を開発するのだが、この動きは江戸期を通して変わらない。それは、米を産する田地だけではなかった。

例えば、東京西郊、武蔵野台地は、草が生い茂る広大な入会の採草地であったが、幕府は新田開発令とも言うべき施策を講じ、家屋の建設費や農具、農作物の種子などを補助し、人びとの移住を促し、畑を開発させた。農業用水として野火止用水の利用を許可し、飲料水としては玉川上水の利用を認めた。その結果、享保八（１７２３）年には、武蔵野新田八十八ヵ村が成立したのである。

新田開発が盛んに行われた結果、江戸期の耕地面積は飛躍的に拡大した。太閤検地による石高から推計された江戸開府時の総耕地面積は、２２０万町歩（ほぼ２２０万ヘクタールに等しい）であった。これが、享保六（１７２１）年には２９６万町歩、天保十四（１８４３）年には３０６万町歩に達している。

これだけの新田開発は、当然木の伐採を始めとする、いわゆる自然破壊をもたらすのが普通である。このことが、第一の危険要因であった。

第二の危険が、市場経済の拡大に伴って日本列島が都市化していったことである。既に戦国末期から、門前町や港町（港湾都市）の発生・発達がみられたが、江戸期に入ると同時に、城下町の建設が盛んになった。中世の都市に比べて、江戸期城下町は規模が大きい。城下町の建設は、武家を集住させる武家の居住区を設けるだけでなく、町屋の建設を伴ったのである。

町の建設は、燃料や建築資材を必要とし、必然的に森林開発を伴った。そして、城下に人が集まれば、生活用水が必要となり、物資輸送のための道路や用水路も必要となる。城下の周辺に農民を居住させるにも、道路や河川の改修が求められることもあり、農地の肥料としての魚を確保するための漁場の開発が必要となることもあった。

この時期に、全国各地で河川の「瀬替（せがえ）」が盛んに行われたのも、このような都市建設に伴う現象であったのだ。「瀬替」とは川の流路を付け替えることで、主に洪水を防ぐために行うものであった。

例えば、もともと利根川の支流であった荒川を入間川下流に合流させる瀬替が寛永六（１６２９）年に行われており、承応年間（１６５２〜５５）には、利根川を東の渡良瀬川、鬼怒川に合流させる瀬替を行い、江戸市街を洪水被害から守るとともに、下流デルタ地帯に耕作地を増やし、舟運の発達を図っている。これによって、確かに荒川の舟運は発達したのだが、一方で新たな水を受け入れることになった和田吉野川や市野川の流域では水害が発生し、新たな堤防の造成も必要になったのである。

天下普請によって築城された譜代筆頭井伊家の居城彦根城でも、内堀、中堀、外堀の更に外側に堀を設けるために、城下南端を真っ直ぐ琵琶湖に注いでいた芹川（せりかわ）の流路を変えて、第四の堀とする付替が行われている。

城下町の建設を始めとする町づくりは、全国各地で進み、江戸初期は街道の整備、架橋、用水路としての運河の掘削等々、各種のインフラを整えることが盛んに行われた、いわば列島改造の時代であったのだ。

これに伴って、木材需要が異常な高まりをみせ、大規模な森林破壊が始まろうとしていた。生息地を失った野生動物が人里に現れて、人が襲われ、山が保水力を失って土石流が発生し、これが洪水を惹き起こしたりしたのである。要するに、近代文明を謳歌する現代日本と全く同じ現象がみられるようになったのだ。

ただ、この先が少し違う。

寛文六（１６６６）年、幕府は「諸国山川掟」を発令した。経済先進エリアであった畿内を対象として、木の根の掘り出しを禁止し、苗木の植林を命じたのである。この時点で、乱開発ともいうべき森林の破壊が災害を発生させるという認識が、幕閣に共通認識として存在したのだ。

貞享元（１６８４）年にも、再び同じ趣旨の「掟」を発令している。この時は、更に徹底した行政命令となっており、淀川水系の治水を意識し、対象エリアを山城、大和、摂津、河内、近江と具体的に名指しして発令した。

土砂の流出を防ぐために草木の根を掘ることを禁止し、川筋で木々の少ない地域に植林を義務づけ、流域の新田・古田を問わず土砂が流出している場所の耕作を停止させ、その一帯には木の苗、竹、萱などの植え付けを命じ、新規の土地開発を禁止した。更に、山間部の新規焼畑、切畑の開発も禁止し、淀川・大和川に流れ込むすべての河川の上流の畑を元の森林に戻すことを該当地域の藩主に命令したのである。

尾張名古屋藩では、享保九（１７２４）年から林政改革を推し進め、伐木を制限すると同時に植林を推進している。但し、木曽五林といわれる檜、サワラ、翌檜、高野槇、鼠子は、「留木」（伐木禁止）とされた。これには、枝一本腕一つ、木一本首一つといわれるほどの厳罰主義が採られ、実際に盗伐で村民が捕縛されるということも起きている。しかし、結果的に名古屋藩では、安永年間（１７７２〜８１）以降は、年間二十五万石という材木の安定生産が実現しているのだ。

島崎藤村の『夜明け前』のみを浅読みし、名古屋藩の林政を圧政とするのは明らかに間違っており、藩は木曽五林を留木としたが、「明山」を創って村民が雑木を切り、薪炭の材料とすることができる山域を設けたのである。むしろ、近代明治になった途端に木曽谷の山地は殆どすべて官有林とされ、人っ子一人入山できなくなった。新政府は、旧名古屋藩レベルの自由な森林利用すら認めなかったのだ。しかし、旧名古屋藩の〝圧政〟が語られることはあっても、新政府の無分別な規制が表だって語られることはまずない。

正保二（1645）年、幕府は各藩に山林の「濫伐（らんばつ）」を禁止するとともに植林を指示した。これに沿って各藩は以下のような措置を採ったのである。

留木　＝伐採禁止（種類を指定）
留山　＝山への立ち入り制限、利用制限
年季山＝利用期間の制限
割山　＝利用できるエリアの分割
部分山＝村民と藩が収穫林を分け合う山

これによって、江戸日本は危うく危機を脱することができた。前出のタットマン氏は、危機を脱し、緑の列島が維持された幾つかの要因を、以下の通り整理している。

・山林資源を食料、燃料、肥料として利用してきたので、落葉広葉樹林が庇護されてきた

・技術の進歩があったにも拘らず、木材搬出に荷車を使用することを禁止し、大鋸による伐採を制限するなどして過剰伐採を防いだ
・森林保全の思想と倫理観が存在し、藩主の政策にその価値観が色濃く反映された
・留山、留木、部分山、年季山、割山など、制度的な工夫が緻密に行われ、持続的な森林資源の利用を図った
・動物性蛋白質、肥料を海産資源に頼ったので、食用に牛馬を飼育する習慣が発生せず、木の根を食い潰す放牧の必要がなかった

これらは、すべて頷ける要因である。ヨーロッパや朝鮮半島の森林資源破壊を参照すれば分かるが、これらの要因の一つが欠けても山林資源の持続的な利用はできなかったかも知れない。

鬼頭宏氏は、更に決定的な指摘をしている。

――何よりも森林への負担を減じるうえで大きな役割を持ったのは、人口の停滞という条件であった。人口停滞の実現と、節約という欲望の抑制が、森林にかぎらず環境資源に対する総需要を抑制し実現するうえで、江戸システムの維

持を実現したという点では最も特徴的で重要な要因であったといえよう。

――（『文明としての江戸システム』）

序章で触れた「もったいない」という言葉が世界語となり得た背景には、このような環境資源に対する向き合い方にも表れている、江戸人の「節約の尊重と欲望の抑制」という生き方に対する尊敬の念が存在するのだ。

江戸社会ではプロト工業化が高度に進展し、日本列島は都市化していった。江戸は、人口百万人を擁する世界一の大都市となった。江戸だけでなく、都市は近隣から人口を吸引した。各都市を結ぶ流通ネットワークの構築が進んだ。これらに伴って起こった列島改造の波を、江戸人は欲望を抑制するという価値観と生き方によって乗り切ったのである。

戦後日本では、田中角栄という金権政治家、土建政治家によって列島改造の大波が惹き起こされたが、私たちはそのうねり狂う大波に身を委ねるだけで、森林に代わって一体何を残したというのか。せいぜい五十年という短命で、使い捨てにしかならないコンクリートの塊だけではないか。これは、明らかに「人間の質の差」の問題といえないだろうか。

4　垂れ流しのパリ、循環の江戸

東京武蔵野に井の頭池がある。さほど大きな池ではないが、池を含む公園は恩賜公園として東京西郊多摩地域の人びとから親しまれている。

この池の水は、湧水である。「井」とは、水の湧く所を意味し、「井の頭」というからにはそのナンバーワンであることを、或いはその尖端に位置する所であると、名称そのものが自負しているのだ。

江戸期、この池は江戸の主要な水源の一つであった。

そういえば、あまり知られていないかも知れないが、武蔵野市の上水道は今でも市内の湧水を使用している。正確にいえば、80パーセントを市内の湧水、20パーセントを東京都の上水道から引き、混ぜて供給しているのだ。恐らく、これは私の推量であるが、東京都の水を一部使っているのは、東京都に対する義理みたいなもので、全く使わないということは都が許さないのであろう。市内の湧水だけで十分賄えるに違いない。

私は、少年時代にも似たような状況を経験している。私の少年時代とは、大昔とも呼ぶべき時代であるが、琵琶湖の東、彦根城下から少し奥へ入った、戸数僅か四十戸の小さな、典型的な里山の村落が私の故郷である。

敗戦までは、この村落は坂田郡鳥居本村に属していたが、戦後彦根市に編入され、名称の上では中仙道鳥居本宿と同格になった。中仙道鳥居本宿は、石田三成の居城でもあった佐和山城の大手門口に当たる。つまり、私の村は往時は石田領内に在り、その前は長浜を本拠とした秀吉の領内であり、その前は浅井(あざい)家の領内であったのだ。そして、「関ヶ原」以降は、彦根藩井伊家の領内となった。敵に敗れて次々と領主が替わる典型的な戦国の村落でもあったのだ。

こういう辺鄙な里山にも拘らず、私の幼い頃からこの村の家々には上水道が引かれていた。現代の感覚でいえば、田舎とはいえ上水道が引かれていることなど当たり前ではないかと思われるかも知れないが、昭和二十年代、三十年代前半までの近江湖東地方の里山の生活とは、江戸期のそれとさほど変わっていなかったのだ。

このこともまた誇張と思われるだろうが、自然の中に生き、自然と折り合いをつけて都市を発展させ、独特の持続可能な循環システム社会を創り上げた江戸社会について考えている今、敢えて恥を晒す気分で改めて簡単に触れておきたい。

そもそも村内に、現金で物品を買うというような店は一軒も存在しなかった。少年であれ誰であれ、村内に現金を使う場所は存在しなかったのである。どうしても「買う」必要が生じた場合、自転車に乗れなかった母は徒歩で一里近くの道を彦根城下に降りていったものである。それは、殆ど一日がかりの仕事であった。

夏には団扇しかなかった。扇風機なるものが存在しなかったのだ。当然、冬は火鉢しかない。手をかざす火鉢だけで、屋内が温まる訳がないが、それが普通であり、そういうことについてとやかく考えたことはなかった。雪の夜でも、家族六人は二個の火鉢だけで過ごしたものである。

食べ物にしても、米と野菜、淡水魚と鶏卵を食べている限り、お金がかかるという感覚はなかった。一年に二、三度、特別な日に鶏を潰した。それは、大変なご馳走であり、贅沢でもあったのだ。蛇足ながら、鶏を潰すところまでは、男の子の仕事であった。

こういう村に、上水道が引かれていたのだ。実はこれは簡易水道であった。村を貫く川の上流に水源があり、そこから各戸へ鉄管を通しただけのものであった。上流と村内の高低差で水圧に問題はなく、管さえ通せば事足りたのである。殺菌、滅菌、消毒などは、勿論一切行われていなかった。

しかし、昭和も三十年代に入った頃であったろうか。彦根市にも上水道網が整備され、市は私の村にも市の上水道を引かせたのである。文明開化が遅れてやってきたようなものである。

その際、市当局はこれまで村人が何の不自由もなく使っていた簡易水道の不衛生を証明したかったのであろう、村の水道の水質検査を滋賀県に行わせた。結果は、検査に訪れた滋賀県の検査官を驚かせるものであった。

その水は、極めて美しく、市の水道水よりむしろ上質であり、「醒井(さめがい)の水を上回る」という評価であった。醒井とは、中仙道六十九次の一つ、醒井宿のことで、『日本書紀』にも登場する豊富で清らかな名水の湧く名所である。

ここも、かつては鳥居本と同じ坂田郡であったが、現在は、史上最悪といわれる「平成の大合併」によって滋賀県米原市となっている。ただ、水の清らかさ、美しさだけは往時と変わらず、私の少年時代は養鱒場(ようそんじょう)として有名であった。

その醒井の水を上回るとなれば、文句なしに近江随一であり、畿内随一といっていいのかも知れない。そうなると、彦根市としても無理矢理簡易水道を禁止する根拠がない。結局、市の水道と併用するということに落ち着いた。かくして、私の村の各戸の水場には簡易水道のカラン（蛇口）と市の水道のそれとが仲良く並ぶという珍妙な光景が長く見られたのである。私は勿論、私の家族は、誰も市の水道のカランを捻るということはなかった。元から存在する村の水道の水の方が遥かに冷たく、また美味しく、妙な臭気もなかったからである。

　武蔵野市の場合も、似たようなものであろう。僅かでも東京都の水を使わないと、恐らく都は武蔵野市に〝いじめ〟を加えるに違いない。大渇水でも起きて利根川水系のダムが干し上がったとしても、武蔵野市は大丈夫であろう。その時、武蔵野市の住民の一人である私は、都の幹部や都議会議員には水を分け与えるつもりはない。

神田上水の起点を示す石碑（著者撮影）

　井の頭池の端っこから小さな水路が出ていて、細々と、しかし、絶え間なく水が流れ出ていく。これが、神田川、即ち、江戸期の「神田上水」である。つまり、井の頭池の南東の端の出口が神田上水の起点になるのだ。そのことを教える札と「神田川」と彫られた石碑が、その起点に立っている。

　江戸には神田上水、玉川上水のほかに亀有上水（本所上水）、青山上水、三田上水、千川上水があり、江戸城内と百万都市江戸市街を潤していたが、もっとも早く開設されたのが神田上水であった。いつ開設されたかについては、天正十八（１５９０）年説と寛永年間説があったが、五十年に亘って江戸の上水道を調べ尽くした伊藤好一氏は、天正十八年説を誤りであると明快に否定している（『江戸上水道の歴史』吉川弘文館）。

天正十八年といえば、家康が関東に入封した年であり、寛永年間となると三代将軍家光の治世下である。多摩地域では、早くから井の頭池から灌漑用水を引いていたことも分かっており、井の頭池から目白下までの水路は上水開設以前から存在したという説もある。恐らく吉祥寺村井の頭池から江戸市街まで一気に上水路の建設が行われたのではないものと思われる。灌漑用水を上水に利用しただけという説もあり、そうなると上水としての神田上水の開設年次は、消去法的に寛永年間に分があるのだ。伊藤氏は、「いろいろ記録を見ると将軍家光の代に掘り割ったことは明らか」と断じている。「いろいろ記録を」という記録とは、『御府内備考』が中心になっているものと思われる。

いずれにしても、井の頭池を水源とする神田上水は、善福寺川、井草川、後には玉川上水からの助水を入れて、多摩郡、豊島郡十六ヵ村を経て江戸北郊目白下に至り、目白下関口で上水と吐水に別れて、上水は水戸藩邸を通り抜けてお茶の水の掛樋（かけひ）で神田川を越えて神田一帯に給水され、その後、神田橋御門で二手に別れ、一流が江戸城内に入り、もう一流が石樋や木樋で京橋・日本橋の町々に給水された。

井の頭池の南側傍を玉川上水が流れている。昭和二十三年（1948）年六月、太宰治が愛人山崎富栄と入水自殺したことで知られる上水である。これは、江戸の人口の急増によって水不足が深刻化したことから、承応二（1653）年に開削されたものである。参勤交代が制度化されたこの頃、武家屋敷、町屋敷が神田上水の給水地域外に膨張し、そういう域外への給水が必要になったのだ。四谷、麹町から赤坂、青山一帯がこのエリアに当たる。

この上水開削は、庄右衛門・清右衛門兄弟が幕府から請負い、二人は私財を投げ打って完成させたという美談が残っている。しかし、二人はあくまで幕府からこの工事を請け負った者であり、完成後、その功績によって玉川姓を許されたもので、よく話が逆になることがある。着工した承応二年とは、三代将軍家光が没した翌々年に当たる。総奉行を老中松平信綱（川越藩主）が務めた。俗に「知恵伊豆」と謳われた松平伊豆守である。ただ、この時期の幕政には、殆どといってもいいほど将軍後見役である保科（ほしな）正之（会津藩藩祖）が関わっている。

幕府は、この事業に六千両（一説に七千五百両）の資金を拠出した。甲州道中高井戸宿まで掘り進んだところでこの資金が底を尽き、玉川兄弟は家を売り払って残りの工事費用に充てたという話があるが、果たしてどうであろうか。一部私財を投じたことは事実であるが、高井戸から四谷大木戸まで開削する費用を賄うだけの家屋とは、二人はどんな〝豪邸〟を何軒所有していたのであろうか。二人は、所有していた町屋敷三軒を売り払った代金千両と手持ち金二千両で賄ったというのだが、確かなことは分からない。

江戸の上水は水質を守るために、洗い物や水浴び、魚を捕ること、ゴミを投棄することなどは御法度であり、厳しく取り締まられた。特に玉川上水においては、両側三間は保護地帯とされ、ここの樹木伐採、下草刈りも厳禁であった。安藤広重の『名所江戸百景』に描かれている玉川上水の川沿いには、ソメイヨシノの並木が描かれている。当時、桜の花びらは水質を良くするといわれていて、上水沿いに桜が多数植えられたことは事実である。「小金井の桜」はこの時始まっており、江戸期から昭和前期まで桜の名所として賑わった。

そもそも江戸の中心部は埋立地である。水質は決して良くない。いや、悪い。そこで、上水を引き、下水と上水をきっちり分けた。やがて江戸は、同時期の世界的な大都市となるが、玉川上水の開削はその基礎となる公共工事であったといえる。

保科正之がこれを発議したとされる時、幕閣の多くが反対したらしい。反対者の殆どは、武断派とまではいえないが、城下町というものの基本的な性格について従来の概念の域を出られなかった者である。軍事的な側面からみれば、これほど大きく、一気に中心地まで繋がる水路を建設すれば、敵が侵入する際、侵攻が容易になるというのだ。

これは、純軍事的には正しい。これに対して保科は、小さな城下ならいざ知らず、江戸は天下の大城下となるところであり、民の生活の利便を図ることが肝要であると主張して、押し通した。この発想は、江戸幕府の統治というものが「関ヶ原」以降初めて「文治政治」へと舵を切り替えたきっかけとなった点で大きな意味があったといえるだろう。

では、上水に対して下水はどうなっていたのか。もっとストレートにいえば、江戸社会では糞尿をどのように処理していたのか。実は、この点にも江戸社会独特のオリジナリティがあり、他の社会ではみられない循環システムが存在したのである。

昭和三十年代といえば、「経済白書」が「もはや戦後ではない」と胸を張った時代である。確かに、経済的には高度成長が始まっていた。しかし、この時代でも、東京区部においてもまだ汲み取り式便所が多数存在したのである。『江戸の糞尿学』（作品社）を著した永井義男氏は、昭和四十六（１９７１）年に池袋の友人宅で汲み取り式便所を体験している。

昭和四十六年といえば、私は社会人三年目で、世は高度成長期のピークであった。この年、アポロ14号も月に着陸、ソ連は世界初の宇宙ステーション・サリュート1号を打ち上げるとともに初の火星探査機マルス3号を火星に着陸させた。日本は、遂に変動相場制へ移行し、ＮＨＫ総合テレビが全放送のカラー化に踏み切り、新宿副都心高層ビルの第1号として京王プラザホテルが開業した。多摩ニュータウンの入居が始まったのも、銀座にマクドナルドの1号店がオープンしたのもこの年であった。

万事右肩上がりのこの時代に、東京でもまだ汲み取り式便所が使われていたのだ。先に、私の少年時代の生活様式が江戸期とさほど変わっていなかったことを述べたが、生活スタイルや行動様式というものは、地域や個々の家庭や組織の環境による違いが非常に大きく、社会全体で足並みが揃うということは絶対にないのである。昭和四十六年に汲み取り式便所で用を足しながら、便所紙として備えられている新聞に「ザ・タイガース解散、武道館でラストコンサート！」という記事を見たとしても、何の不思議もないのだ。最近は、歴史を語るについても時代のトップランナーしか見ていない浅薄な論が増えたので、敢えて余談に逸れてみた。

さて、糞尿について語ること、聞くことは日頃少ないと思われるので、最低限の基本的な関連日本語を整理しておきたい。

「糞尿」とは、文字通り糞と尿、つまり、大便と小便のことである。「屎尿（しにょう）」とも言う。これを田畑の肥料として用いる時は、「下肥（しもごえ）」と言う。単に、「肥（こえ）」とか「肥やし」と言うこともある。私の田舎では、「肥やし」と言っていた。便所の汲み取りのことは、「肥取り」とか「下掃除」と言う。その汲み取りを行う人を「肥取り」「下掃除人」「汚穢屋（おわいや）」などと言った。三島由紀夫の『仮面の告白』には、汚穢屋という言葉が使われている。「肥桶（こえおけ）」や「肥柄杓（こえびしゃく）」は、汲み取りに必要な道具として説明の必要はないであろう。

年号を覚えることを主とする歴史教育ではまず出てこない話であろうが、江戸の町では肥桶を担いだ男たちがひっきりなしに行き交っていたのである。これが極めて普通の、日常的な江戸の風景でもあったのだ。

日本人は、鎌倉期から糞尿をうまく利用してきたが、江戸期がその最盛期であったといえる。江戸期になると、都市と近郊農村との間で、回収と利用という循環がシステムと呼んでもいいレベルで完成し、商売（産業）としても成り立っていたのである。糞尿が商品として取引されており、商品価値があったから循環システムが成立したともいえるだろう。

農民は、天秤棒で野菜などを担いで都市へ販売に出かける。それを買う都市住民は、農産物の消費者である。この時、販売する農民は、農産物の生産者でもある。農産物などを食した都市住民は、当然排泄をする。つまり、糞尿の生産者なのだ。その糞尿を、農民が下掃除人として、金を払って汲み取り、村へ運搬して肥料として使う。即ち、この時農民は、糞尿=肥やしの消費者となるのだ。その肥料によって生育した農産物を、再び都市住民が消費する。

このように、都市住民と農民は、互いに消費者であると同時に生産者でもあるという、見事な補完関係を創り上げていたのである。これはもう、糞尿の循環システムといってもいいレベルにあった。

ヨーロッパでは汲み取り人にお金を払って汲み取ってもらうが、江戸社会では全く逆に汲み取り人の方がお金を払って買ってくれたのだ。そして、ヨーロッパでは馬の糞を肥料にして人糞をゴミ捨て場に捨てるが、日本では馬糞を捨てて人糞を肥料としたのである。

もし、このような循環システムが成立していなかったら、百万人都市江戸はどうなっていたか。それは、例えば、パリをみれば明らかである。

ヨーロッパの中世に対しては「暗黒」という言葉が使われることが多かったが、衛生面では「不潔時代」と表現されることがある。その理由が糞尿処理にあった。

日本の江戸期に当たる時期のパリ市民の家にはトイレがなく、人びとは室内で「おまる」を使用していた。問題は、その処理である。一応、「糞尿溜め」が指定されていたが、そこまで捨てにいくのが面倒であったのであろう、大抵夜間に窓から外へ投げ捨てていた。夜道を歩いていると、いつ上から糞尿が降ってくるか分からないのだ。一応、声をかけてから投げ捨てるのが〝マナー〟にはなっていたようであるが、実際に頭から糞尿を被った人の話は数多く記録に残されている。

パリ市民は、男女を問わず道端や物陰で排便するのが普通であった。よくいわれる通り、ヴェルサイユ宮殿の庭園も、排便、放尿の場となっていたのだ。パリの町中が便所だったと表現する研究者もいる。実際に我が国の江戸後期まで、

「パレ・ロワイヤルや大通りの並木は、立小便や野糞で悪臭ふんぷんたる状態で、セーヌ川にはパリのあらゆる汚物が流れ込んで異臭を放ち、土手は糞便ですさまじい悪臭を放っていた」(『江戸の糞尿学』)

という状況であったらしい。こういう状態が伝染病多発の大きな原因であったことは言うまでもない。

このことは、パリだけでなくロンドンも同様であった。二階の窓から下の路上に「おまる」の中身を投げ捨てている様子を描いた版画が残っているほどである。

牧畜を行っていたヨーロッパの農村では、牛や馬の糞を肥料として利用することができたので、労力をかけて都市の糞尿を集める必要がなかったことも背景の要因であろうが、糞尿処理の問題は、そもそも衛生観念の種類がどう違っていたか、ひいては自然と人間の関係をどう位置づけていたかという問題にまで行きつくのである。

時代劇などでお馴染みの光景であるが、江戸の庶民の住む長屋の真ん中辺りには、井戸がある。この井戸は、いわゆる水が湧き出る井戸ではなく、前述した神田上水や玉川上水といった上水からひかれた水がここへ貯められているのだ。長屋の住人は、ここから必要な生活用水を汲んで、桶などで自宅へ運び、土間に置いてある瓶に保管して使用していたのである。

大阪学院大学の森田健司教授は、錦絵や瓦版の蒐集家・研究家としても著名であるが、教授は、『江戸暮らしの内側』(中公新書ラクレ　中央公論新社)において歌川豊国の『絵本時世粧(いまようすがた)』を提示しながら、長屋の井戸の様子を分かり易く解説している。

江戸の長屋では、井戸も共用ならトイレも共用であった。この共用トイレを「総後架」と言ったが、総後架の糞尿も「下掃除人」、「汚穢屋」が買ってくれたのである。江戸の町は、上水道だけではなく下水道も整備されていたが、述べてきたような糞尿の利用という仕組みがあって、排泄物が下水に流れ出ることはなかったのである。流れ出るのは、洗濯水などの汚水であり、従って、基本的に広くて大きな下水は必要ではなかったのだ。

なお、江戸市中には、〝公衆トイレ〟も存在したことを付け加えておきたい。江戸の社会システムを江戸システムと呼ぶことが盛んになってきたが、江戸システムの特徴を述べるとすれば、まず第一に「資源の循環システム」を完成させたことを挙げなければならない。そのことを端的に示す事例として糞尿処理の問題を提示したものである。

徳川の平和は、その期間の長さにおいて人類史上に例がない。それは、高々百五十年前まで存続していたのだ。その平和の構造を解明することは、一筋縄ではいかないが、まずは、薩長勢力によって開かれたとする近代日本がそれを全否定したことを正すことから始めないと、前へは進めないのだ。

今改めて、糞尿を利用せよと主張しているのではない。江戸から何を学ぶか。それは、江戸システムを真似ることではないのだ。無農薬野菜栽培の課題を指摘するまでもなく、江戸システムにも欠陥が存在するのは、当然といえば当然である。「江戸」という、今、世界が目指している社会、或いは仕組みの中に存在するエキスを抽出する作業が、今求められているのではないだろうか。

第五章　「ポスト近代」の指針　江戸の価値観と思考様式

1　江戸の災害に学ぶ

江戸期の人口は、大きな飢饉の度に減少した。江戸時代とは、飢饉だけでなくさまざまな自然災害と戦った時代であった。その災害発生の様子は、どこか近年の状況と似ているように思えてならない。江戸期の人口を考える時、歴史人口学という学問が大きな貢献をしたことは、先に述べた通りである。

そこで、ふと考えてしまうのだ。歴史人口学が多大な成果を挙げたとすれば、「歴史災害学」なるものがなぜ成立しないのかと。

そのように呼んでもいい研究がないではない。しかし、それは歴史人口学が確固としたポジションを得ているのと同じように、「歴史災害学」として確立しているとは、まだ言い難いのではないか。

災害については、確かに「宗門人別改帳」のような、全国的な共通性を備えた史料が存在する訳ではない。災害の殆どが天変地異である以上、それは仕方がないことであろう。しかし、記録がない訳でもないのだ。いや、むしろ江戸人は、災害についても豊富な記録を残してくれているといえるのではないだろうか。

江戸期の災害といえば、私たちは、やはり先ず飢饉を考えてしまう。先に述べたように、江戸期には、確かに三大飢饉といわれるような深刻な飢饉が発生している。

江戸期に特に多くなった災害は、火山の噴火、津波、火災、そして、大風、洪水である。これに地震を加えると、災害発生の状況がどこか先の平成という時代に似ているように思えてならないのだ。

例えば、平成二十九（２０１７）～三十年にどれほど水害が発生したか、私たちの記憶にまだ新しいところであるが、それは「異常気象」という域を超えているのではないかと思われるほどであった。

また、平成十二（２０００）年以降に発生したＭ６・０以上の地震は、何と九十回を超えているのだ。事ある毎に「風化させないでおこう」「語り継ごう」としきりに言うが、これだけ多いとそれも努力の要ることなのである。

平成二十三（２０１１）年の３・11大地震と大津波は、約二万人という犠牲者を出したことと原発事故が重なったこともあって、今後も永く記憶されるであろうが、これは八百年〜千年に一度という例外的な大地震・大津波であったといわれている。西暦2000年以前に遡ると、平成七(1995)年、阪神淡路大震災が発生した。M7・3、死者は六千四百人を超えた。

私たちは、自然災害から逃れることはできない。そして、これまで自然科学は、地震を予知することに情熱とエネルギーを傾け、お金をかけてきたが、平成二十九年になって地震予知の専門家は遂にこの基本姿勢を放棄し、地震の予知は完全にはできないという大前提に立って、それに対する対応を研究するという風に、考え方を大転換したのである。

今更、というべきであろう。西欧価値観を絶対視してきた明治維新以降のこの社会は、科学を過信してきたといっていいのではないか。日本列島に生きる私たちは、これまでの時代に同じような地震や津波、その他の自然災害を繰り返し、繰り返し経験してきたことを忘れてはいけないのだ。

地震や津波を理解するには、確かに自然科学の研究成果は有用である。しかし、それのみを偏重してきたということはなかったか。「災害の歴史」というものに、目を注いできたであろうか。その意識が強くあったならば、「歴史人口学」には及ばないとしても、「歴史災害学」といってもいい知見が成立し、災害対応に大きな役割を果たしたのではないかと思えるのである。

記録の多い江戸期の事例だけでも、私たちはどこまでその経験を継承しているだろうか。殆ど無知に近いといってもいいだろう。

地震・津波・噴火に限っても、江戸期は多くの被災経験をもっている。以下は、その一部である。

◆仙台地震（元和二年・1616）M7・0
◆武州大地震（慶安二年・1649）M7・0
◆近江大地震（寛文二年・1662）M7・6
◆陸中地震・津波（延宝五年・1677）M7・5
◆房総沖地震・津波（同）M8・0
◆日光地震（天和三年・1683）M7・0
◆三河遠江地震（貞享三年・1686）M7・0
◆元禄関東大地震（元禄十六年・1703）M7・9〜8・2　死者1万367、家屋全壊2万2424

◆宝永大地震・津波（宝永四年・1707）M8・6 南海トラフプレート境界地震、死者5045、家屋全壊5万6304、流失1万9661

◆宝永富士山大噴火（同）十日以上続く

◆蝦夷大島津波（寛保元年・1741）蝦夷大島噴火、津波により松前で1500人溺死

◆越後高田大地震（寛延四年・1751）M7・0〜7・4

◆石垣島地震津波（明和八年・1771）石垣島で死者8439

◆浅間山大噴火（天明三年・1783）四月九日から丸三ヵ月噴火が続く、関東一円に降灰、火砕流が吾妻郡鎌原村直撃477人死亡、吾妻山で山津波発生約2500人死亡、土砂で利根川洪水、前橋で約1500人死亡、噴煙が煙霧となってヨーロッパを覆う

◆青ヶ島噴火（天明五年・1785）死者140、八丈島へ全島避難、帰還が実現したのは四十年後の文政七（1824）年

◆雲仙普賢岳噴火・津波（寛政三年・1791）島原前山崩落、山は150メートル低くなり、海岸線が800メートル前進、津波が有明海を三往復（島原大変肥後迷惑）、津波による死者1万5135

◆三陸磐城地震・津波（寛政五年・1793）M8・0〜8・4　死者44、全壊流失1730
◆象潟地震（文化元年・1804）M7・0　酒田で液状化・地割れ、井戸水噴出、死者300以上、全壊5000以上
◆近江地震（文政二年・1819）M7・0〜7・5　近江八幡・膳所で死者95
◆庄内沖地震津波（天保四年・1833）M7・5　津波波高庄内8メートル、佐渡5メートル、隠岐2・6メートル、死者100
◆善光寺地震（弘化四年・1847）M7・4　浅い活断層地震、本尊開帳参詣者1029人死亡、被害は飯山藩・松代藩など広域にわたり死者総計8000以上
◆伊賀上野地震（嘉永七年・1854）M7・0〜7・5　日米和親条約締結直後、伊賀・伊勢・近江中心に東海・北陸から中国・四国まで被害、死者1308
◆安政東海・南海地震（同五ヵ月後）M8・4　震源域紀伊水道〜四国沖、駿河トラフ・南海トラフが連動した巨大プレート境界地震、関東〜九州大津波、熊野・四国・豊後水道などで10メートル超、伊豆下田でロシア船ディアナ号被災、宝永大地震・津波の教訓が生かされた大地震

◆安政江戸地震（安政二年・1855）M7・0〜7・1　元禄大地震以来の「首都直下型地震」、下町の被害甚大、下町だけで倒壊1万4346、死者約1万、吉原全焼、遊女・客約1000人死亡

◆八戸沖地震（安政三年・1856）M7・5

◆芸予地震（安政四年・1857）M7・0

◆飛越地震（安政五年・1858）M7・0〜7・1　跡津川活断層地震、死者302

全くうんざりするような列挙となってしまった。繰り返すがこれは一部である。注目すべきことは、平成が終わり、令和という新しいステージを迎えた今、私たちが懸念している型の地震や津波がすべてこの中に含まれているということである。東南海トラフの合体地震、首都直下型地震、大規模津波、活断層地震、地震後の火災や山崩れ、堰止湖の決壊による大洪水等々、私たちは既に経験しているのだ。それも、江戸期というごくごく近い過去に。

長州近代政権は、江戸という時代の仕組み、出来事だけでなく価値観までを全否定し、土の中に埋めてしまった。災害の記録、記憶も埋められてしまったようである。

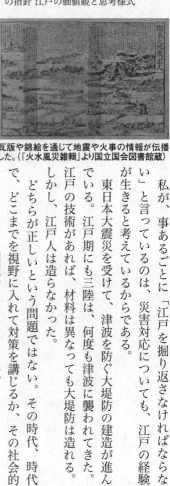

瓦版や錦絵を通じて地震や火事の情報が伝播した。(『火水風災雑輯』より国立国会図書館蔵)

私が、事あるごとに「江戸を掘り返さなければならない」と言っているのは、災害対応についても、江戸の経験が生きると考えているからである。

東日本大震災を受けて、津波を防ぐ大堤防の建造が進んでいる。江戸期にも三陸は、何度も津波に襲われてきた。江戸の技術があれば、材料は異なっても大堤防は造れる。しかし、江戸人は造らなかった。

どちらが正しいという問題ではない。その時代、時代で、どこまでを視野に入れて対策を講じるか、その社会的コンセンサスの問題ではないだろうか。

大堤防を造れば、沿岸の海は死ぬ。生態系そのものが死滅する。しかし、堤防の高さ以下の波高の津波は防げるはずである。

さて、私たちはどう対応するのがベターなのであろうか。言うまでもなく、この問題にベストは存在しないのだ。誰がリーダーシップをとって、これを考えるのか。

いずれにしても、私たちは、災害に対する対応についても多くを先人の経験に学ぶことができるのだ。

江戸期に発生した主な地震・津波を一覧していて、気になることが甦ってきた。

徳川家康が征夷大将軍に任じられたのは慶長八（1603）年である。この、豊臣から徳川への政権交代期にも気になる大地震が発生しているのだ。

天正二十（1592）年、秀吉による朝鮮出兵が開始された。そして、文禄五（1596）年六月二十七日、和議の交渉を目的として明の使節が来日したのだが、その直後の閏七月九日、別府湾を震源とする豊後地震（M7・0）が発生している。津波によって別府村は水没、これによって別府村は、その後元の位置から西の方へ移転することになる。現在の湯の町別府は、西へ移転した地で成立、発展したものなのだ。

この豊後地震の四日後閏七月十三日の深夜、伏見地震（M7・5）が発生した。伏見は、この時点で我が国の首都といってもいい、政治の中心地であった。落成直前の伏見城が倒壊、方広寺の大仏も崩壊した。

問題は、この地震が有馬・高槻構造線と呼ばれる活断層によって惹き起こされた地震であったことなのだ。この活断層の南の延長線上に野島断層が走っている。この野島断層こそが、平成七（1995）年の阪神淡路大震災の起震断層となったのである。

伏見と淡路は、即ち、有馬・高槻構造線と野島断層は、地震学の立場からみれば至近距離である。二つの地震の間隔は、399年。果たして、両者に何らかの関連はあるのだろうか。

それをいえば、日本中の活断層はすべて繋がっているも同然といえるかも知れない。私は、こういう視点で、歴史災害学と地震学の融合が成らないものかと考えてしまうのだ。

また、家康の将軍二年目の慶長九（1604）年十二月十六日、東海・南海地震が発生している。駿河沖〜紀伊水道沖を震源域とする大規模な津波地震であった。房総半島から九州南部に至るまでの沿岸が津波に襲われ、阿波鞆浦（ともうら）では、その高さが十丈（30メートル）にも達したという記録がある。浜名湖畔舞坂宿では100軒中80軒が流失した。

この型の地震こそ、今私たちが恐れている代表的な大地震「東南海地震」ではないのか。

「宝永大地震・津波」（宝永四年・1707、M8・6）、「安政東海・南海地震」（嘉永七年・1854、M8・4）も、この型ではないだろうか。「宝永大地震」は、南海トラフ地震であるが、「安政東海・南海地震」は、文字通り駿河トラフと南海トラフが連動した巨大プレート境界地震であった。

慶長九年の「東海・南海地震」から103年後に「宝永大地震」、250年後に「安政東海・南海地震」が発生しているのである。

この三つの巨大地震が無関係であるとは、到底思えない。現実に、「安政東海・南海地震」の際、人びとが真っ先に思い出したのが、「宝永大地震」であったのだ。

また、平成三（1991）年、人的被害を出す火砕流が発生した雲仙普賢岳は、江戸期に三度大きな噴火を起こしている。毎度、土石流を伴うなどのパターンは、変わらないと観察できるのだ。

そして、残念ながら三陸沖の地震は、歴史という時間軸の上では絶え間がない。また必ず発生すると考えておくべきであろう。

異常な豪雨災害に見舞われた平成二十九年夏、東北にはヤマセが押し寄せてきた。これが江戸期であったなら、東北は確実に冷害に襲われ、飢饉となっていたはずである。

江戸期の自然災害は、地震や津波だけでなく、飢饉も人びとを苦しめた。

先に三大飢饉について触れたが、江戸期の飢饉について、四大飢饉という呼称もある。「寛永の大飢饉」「享保の大飢饉」「天明の大飢饉」、そして、「天保の大飢饉」の四つである。三大飢饉という言い方の場合は、「享保の大飢饉」以下の三つを指す。

飢饉とは、凶作の結果である。そして、凶作は、冷害、干ばつ、洪水などによって発生する。つまり、飢饉とは、異常気象によって惹き起こされるものである。

例えば、「享保の大飢饉」をみてみよう。

「享保の大飢饉」は享保十七（１７３２）年に起きた、ということになっている。しかし、現実にはそれ以前、具体的には享保十年代に入った頃から異常な気象が続いていたのである。気温が上がらず、大雨、洪水が頻発、年によっては一転して気温が低いまま干ばつになるといった状況であった。

享保十七年は、五月から長雨が続き、九州で洪水が頻発、その後一転して干ばつとなった。しかし、気温は低いままであった。

六月になると、ウンカが大量発生。七月半ばになると、九州・四国で稲が枯れ始めたのである。牛馬も疫病に斃れ、狂犬病が流行った。

被害の中心地は、九州・中国・四国であり、畿内や関東の被害は軽微であったと伝わるが、畿内の作柄は例年の六割に過ぎなかったというから、軽微とは言い難いであろう。

西国が飢饉に見舞われると、西国から大坂への「登米」が大幅に減少し、逆に、「公儀」主導の、或いは民間の救済運動として西国への「廻米」が行われる。幕府は、東国諸藩に対しても西国への廻米を指示している。その結果、江戸や大坂といった都市部で米不足が深刻になるのだ。江戸の米価は急騰し、江戸市民に食糧不足が伝播、翌享保十八年の一月には米の買い占めを行っていた高間伝兵衛が打ち壊しに遭っている。

江戸社会も享保年間ともなれば、商品経済の流通ネットワークが成立している。西国の飢饉は、西国だけの被害に留まらなかったのである。

勘定所の幕僚であり、狂歌師としても知られる大田南畝（なんぽ）は、この飢饉に因る餓死者を約三十万人と見積もっている。江戸の大飢饉とは、こういう規模であったのだ。

このような大飢饉に対して、幕府は「公儀」として救済措置をさまざまに講じている。早速八月には「夫食米（ふじきまい）」の貸与を開始、十月からは大坂の御蔵に貯蔵していた「痛米（いたみまい）」（質の悪い米）や「買米（かいまい）」（買い上げ米）の西国への廻送を行った。その量は、三万三千石に達し、天領の代官所にも米十二万石、銀千二百貫を貸与している。

こういう時「公儀」は、直轄地である天領だけを救済の対象とすることはなく、大名領や旗本の知行地に対しても救済の手を差し延べた。享保の大飢饉の際は、大名四十五家、旗本二十四家、寺社一社に対して総額三十四万両の「拝借金」を貸与している。返済は二年後から五ヵ年賦、無利息という条件であった。

災害の度に各藩は「拝借金」を申請することが多かったのだが、基本的に幕府は利息を取らない。逆に、返済が滞り、結局回収できなかったという事例は、江戸期に幾つも存在する。

　このことは、幕府が自らを列島全域を統治する公権力、即ち「公儀」であるという意識を十分成熟させていた証でもある。幕府は、家康が唱えた「天道」という概念を重視して代を重ねてきた。この列島を統治する権限は天から預かったものであるという考え方であり、もし「仁政」を行わず、「泰平」＝平和を維持できなかったら、それはたちまち取り上げられるものだという思想であり、統治のプライドといってもいいだろう。

　これを統治の〝現場〟へ降ろした考え方が「公儀」という概念であり、朝鮮との外交が始まり、海外との通商関係が整備され、参勤交代が制度化された頃、即ち、三代家光の治世下でほぼ成立したものと考えられる。

　徳川幕藩体制とは中央集権的な体制では全くなく、大名連合ともいうべき武家の連合体であったが、そのリーダーである徳川家は、この体制に武家の「結集体」という概念を植え付け、社会的公権力としての機能を重視するようになったのである。

　これを更に成熟した認識として確立させたのが、五代綱吉であったとみることができる。学究肌といってもいい綱吉は、多分に学問に裏付けられた倫理観に突き動かされて、「公儀」の下に強く結合した社会の創出を目指したのである。

五代綱吉という将軍は、非常にアカデミックな将軍で、庶民に対しても「仁」「礼」という徳目を重んじることを求めた。あまり評判は良くない「生類憐み令」や「服忌令（ぶっきりょう）」などはその具体策であったといえるだろう。「武家諸法度」でも「忠孝」を重視し、階層を超えて人びとが共通の儒教的倫理観をもつことを求めたのである。

綱吉は、このような精神で「公儀」の強化を図った将軍とみるべきであって、華開いた元禄文化に浮かれていただけの「犬将軍」ではなかったのである。

この「公儀」という権力意識が、災害対応や復興事業に果たした役割が、実は大きいのである。それは、「公儀」としての責任感とプライドであったとみることもできる。享保の大飢饉に対する被害者救済施策は、まさに「公儀」意識の発露でもあったのだ。

元禄十六（1703）年十一月二十三日、M7・9〜8・2と推定されている元禄関東大地震が発生。相模湾〜房総半島沖を震源域とする相模トラフ付近のプレート境界地震で、房総半島南端では土地が約6メートル隆起、相模湾から房総半島は10メートル強の津波に襲われた。

その記憶も生々しい宝永四（1707）年十月四日、宝永大地震が発生。これは、南海トラフ沿いのプレート境界地震で、M8・6という歴史的な大地震であった。東海から九州西部までを津波が襲い、大坂では港の大船が今の日本橋辺りまで押し上げられ、大坂だけで一万人以上が流死している。

この大地震・津波から四十九日後の宝永四年十一月二十三日、富士山が大噴火した。宝永大地震とその余震が引き金になったとみられており、噴火は十日以上続き、特に小田原藩は壊滅的な被害を蒙った。

このような大災害の度に「公儀」は、さまざまな救済策を実施している。

藩への拝借金の援助、家中御救金の貸与、村々への扶持米、貸付金の支給、被災地の「上知」、復興事業人足の扶持米支給、「公儀普請」による治水などの大規模復興工事の実施等々である。

「上知」というのは、被災して農地として使えなくなった土地を返上させて、代わりの土地を与えることをいい、使用不能となった土地は幕領としたのだ。

普請には、「御手伝普請」もあった。富士山大噴火の復興工事においては、幕府は、酒匂川、金目川の川浚えと堤防の修復を、岡山藩、小倉藩などに命じている。

こういう「御手伝普請」では岡山藩や小倉藩が直接人数を派遣するのではなく、現地の町方、村方に請け負わせるのだ。この時の請負額は八万五千五百両。これを御手伝藩が知行高に応じて負担する。人夫には被災地の住民を採用する。つまり、普請そのものに被災者支援の意味が含まれているのである。子供まで使って、大人と同じ給金を支払った例もあった。翌宝永六年、酒匂川の普請は伊勢津藩藤堂家に、金目川は浜松藩松平家に交代して命じられた。

救済としての復興事業に際して、幕府は原則として藩を支援し、藩は村を支援し、村は自力でできることは自力で実施した。それぞれの持ち分で復興事業に当たることが原則であった。この時、例外的に、幕府が「公儀」として直接村の支援に乗り出すこともあった。

「百姓成立（なりたち）」という言葉がある。百姓が成り立たなければ藩は成り立たない。藩が成り立たなければ幕府は成り立たない。つまりは、百姓が成り立たなければ、武家社会は成り立たないのである。それをよく認識していたからこそ、幕府は「公儀」というガバナンス機能を、藩から百姓まで一本で貫通させることに意を砕いたのだ。

「御手伝普請」（天下普請）については、各大名に費用を負担させ、財政的に反幕府行動がとれないようにするため、などという解釈、教育が永年幅を利かせてきた。「参勤交代」の目的も同様に語られてきたし、私自身学校教育でそのように教え込まれてきた。しかし、幕府による「公儀」権力の発動としての「御手伝普請」や「参勤交代」とは、そのような〝幼稚な話〟で説明できるものではないのである。

幕府の歳入を考えれば直ぐ分かることだが、幕府は今日でいう「国税」を徴収していないのだ。御料地（天領）からの年貢収入や直轄地経由の貿易収入が、歳入の殆どすべてであった。しかも、御料地の年貢率は大名領のそれより低かったことは、先述した通りである。

「参勤交代」にしても、行列が華美にならぬように常に注意喚起をしていたのは、幕府である。各大名がなかなかそれに従わず、互いに見栄を張ったというのが実情なのだ。寛永十六（１６３９）年から始まった「寛永の飢饉」の頃から既に幕府は、飢饉が発生すると江戸在勤の大名に帰国を命じ、諸大名に「撫民」を指示、「飢饉奉行」ともいうべき、今の復興大臣に当たる臨時職を設け、蔵奉行の不正を摘発して江戸・大坂の蔵米のコントロールを行っている。

勿論、「御手伝普請」をどの家中に命じるかは幕府が決定することであるから、政治的思惑が皆無であったとはいえない。しかし、幕府は財源も乏しく、災害の多発で益々財政的に窮乏しながらも、「公儀」としてのプライドと責務を守ろうとしてきたことは無視できない事実なのである。

稀なことだが、富士山大噴火の後の復興事業に際しては、「諸国高役金」という復興税ともいうべき税金を徴収した。御料地、大名領を問わず、全国の村々から高百石につき金二両を「武州・相州・駿州三ヵ国」の降灰被害を受けた村々救済のために、即ち、目的を限定して徴税したのである。しかも、幕府が直接村々から取立て業務を行っていては迅速な復興事業に間に合わないので、まず大名に立て替えさせた。これは、あくまで臨時的な措置であるが、この時全国から期限通りに約四十九万両が集まっている。

今、私たちは東日本大震災の復興財源として源泉所得税に上乗せして復興税ともいうべき税金を徴収されていることをご存じだろうか。また、「児童手当」の財源がなく、中小零細企業までもが「児童手当」の一部を負担していることをご存じだろうか。

復興財源を確保することに全く異存はない。しかし、政府にガバナンス力がないから徴収方法が姑息にならざるを得ないのである。財源の当てもなく、児童手当だ、高速道路の無料化だ、教育の無償化だと、耳触りのいいことだけを喚いているから零細企業までもが「事業者負担」の名の下に児童手当まで負担することになるのである。

今、私たちの社会は、政府や地方自治体だけでなく、民間の大企業に至るまで、ガバナンスという能力を失っている。特に、地方自治体や大企業でのガバナンスの弱体化は目に余るものがある。

徳川幕府は、打ち続く自然災害によって財政的に苦しい日々を重ねていた。それでも、「公儀」としてのガバナンスの維持には、〝意地を張った〟といっていいだろう。見上げたものである。

たかだか百五十年、二百年前の江戸の災害から学ぶべきことは、災害後の復興局面にこそ多く隠されているのである。それを具に観察すれば、社会の質の違いが自ずと分かるはずである。

2　世界は江戸へ向かっている

江戸の災害を調べていると、江戸期は毎日毎日自然災害に襲われていたような気になるが、全国規模でみた場合、それはあながち誇張ともいえないところがある。

自然災害とは異なるということで、ここまで火災については触れてこなかったが、江戸市街に関していえば、まぁ「大江戸八百八町」はよく燃えた。「火事と喧嘩は江戸の華」というが、江戸っ子は〝華〟などと強がっていたが、江戸は何度も壊滅的な大火災に遭っている。

蛇足ながら、「火事と喧嘩は江戸の華」というフレーズについて、「町火消」の纏持（まといもち）の一番乗りに関するルール上の争いであると「喧嘩」の意味を規定する説や、「火事と喧嘩は江戸の恥」が逆に転じたものとする説などがあるが、そこまで厳密にこだわる必要はない。字面（じづら）通りの解釈で何も問題はない。

代表的な大火は、やはり「明暦の大火」であろう。

明暦三（1657）年正月十八日、本郷の本妙寺から出火、これが北西の強風に煽られ神田・浅草方面へ延焼した。翌十九日には、新鷹匠町、麹町、番町から出火して江戸市街の大半を焼き尽くしたのである。江戸城本丸も焼け落ちた。焼死者十万七千四十六人（武江年表）。この被害者数は、関東大震災並みである。鎮火後、大雪となったので、この被害人数には焼け出されて凍死した人も含まれているはずである。幕府は、将軍後見職保科正之（会津藩祖）が陣頭指揮をとり、直ぐ二十日には浅草御蔵米を放出して粥施行を実施、これは二月十二日まで続行された。同時に、米の安売りを命じ、町方に復興資金十六万両を下賜したのである。

この大火を契機に、幕府直属の消火組織として設置されたのが「定火消」である。それまでは「大名火消」しか存在しなかったのだが、「定火消」は若年寄が管轄し、旗本が指揮する消火組織であった。

江戸開府以来の大惨事といわれるこの「明暦の大火」は、通称「振袖火事」ともいわれる。どこまでが史実か何ともいえないが、この大火発生の裏には実に怪異な出来事があったとされているのだ。

舞台となったのが、本郷丸山の本妙寺。大火の火元となった法華寺院である。話は、承応三（1654）年、大火の三年前に遡る。麻布の質屋遠州屋の一人娘梅野十七歳は、菩提寺である本妙寺への墓参の道すがら、すれ違った瑞々しい前髪姿の美少年を見初(みそ)めてしまった。典型的な一目惚れである。以来、寝ても覚めても美少年の面影が消えないという〝重症〟に陥ってしまったという。

とはいっても、美少年の名前も身分も、どこの家中かも分からない。ならば、せめて衣装だけでもと、梅野は美少年のまとっていたものと同じ色柄の振袖を呉服屋で仕立ててもらい、それを人形に着せて、撫でたり、さすったり……こういうことをしていると、恋慕の情は益々募るものである。遂に梅野は、病床に伏せる身となってしまった。典型的な〝恋患(わずら)い〟に陥ってしまったのだ。翌承応四年（明暦元年）一月十六日、哀れ梅野は帰らぬ人となったのである。

可愛い一人娘を失った遠州屋は、梅野が何よりも大切にしていた品、例の振袖で亡骸(なきがら)を飾って野辺の送りをしてやろうと考え、振袖を棺桶にかけて本妙寺へ運び込んだ。法要を済ませた住職は、この振袖を受け取り、古着屋へ売り払った。

この住職の行為を責めてはいけない。この当時住職は、棺桶を飾っている遺品は棺が土に埋められる前にもらっていいことになっていたのである。住職の役得として認められていたということなのだ。もらった物をどのように処分しようと、それはもらった者の自由というものであろう。

時が経って、早くも梅野の一周忌、即ち、翌年の梅野の祥月命日。上野の紙問屋大松屋の娘おきのの棺が、本妙寺に納められてきた。何と、その棺には梅野の仕立てた例の振袖がかけられているではないか。住職は驚愕した。しかし、世の中にはこういう偶然もあることであろう。益して江戸期の町人は、呉服というものは古着屋で買うのが一般的であった。一度仕立てられた着物は、いろいろなルートを経て循環するのだ。住職は、再びこの振袖を古着屋に売って金に換えたのである。

月日の流れは、いつの時代も早いもの。また一年が経って、梅野の二度目の祥月命日。本郷の蕎麦屋の娘おいくの棺が本妙寺に運び込まれたのだが、その棺には何と……そうなのだ、あの振袖がかけられていたのである。

二度あることは三度ある？　いや、もはやそういう悠長な話ではない。さすがの住職も真っ青になった。これは、美少年恋しさの梅野の妄執が大松屋おきの、蕎麦屋おいくに祟って、二人のうら若い娘を呪い殺したのではないか。ここは、大施餓鬼を催し、梅野の霊を救わねばならぬと考えた。

呼び寄せられた三家の遺族は、一も二もなく同意。大施餓鬼の法会は、十八日に行われることとなったのである。

折しもこの日は、朝から北風が吹き荒れ、砂塵を巻き上げていた。何せ、もう八十日間も雨が降っていなかったのである。空っ風は、上州だけの名物ではない。江戸の名物でもあったのだ。

本堂で住職の読経が終わると、本堂前に火が焚かれた。罪業滅却（ざいごうめっきゃく）を念じて、住職が振袖を広げて炎にかぶせる。振袖のあちこちから小さな炎が立ち始めた。

次の瞬間、折からの強風が火のついた振袖を空に巻き上げた。宙に舞った振袖が、本堂の柱に絡みつく。柱も、本堂そのものも既に乾き切っていたから堪らない。火は柱に燃え移り、あっという間に本堂全体へと拡がっていったのであった。

これが、「明暦の大火」、通称「振袖火事」の発生瞬間の出来事であったと伝わっている。

十万人を超える死者を出し、江戸開府以来といわれる大火の裏に、このような若い娘の恋情が妄執にまで膨れ上がった恋物語があったのだ。勿論、真偽のほどは、つまり、史実かどうかは分からない。そして、今のところ私は、その裏取りをする心算（つもり）も全くない。

とにかく、大江戸八百八町はよく燃えた。正徳から享保にかけての一時期の記録であるが、以下のような火事が発生している。

◆正徳元（1711）年
一月四日　芝土器町より出火、大火
一月十九日　新和泉町より出火、霊巌島まで焼失
十二月十一日　江戸大火、神田連雀町から日本橋まで焼失
十二月二十二日　不忍池より出火
◆正徳二（1712）年
一月十九日　赤坂天徳院より出火、大火
二月八日　浅草花川戸より出火、深川まで焼失
二月二十三日　堀江町より出火、霊巌島まで焼失
四月二十四日　木挽町より出火、大火
十二月一日　下谷広小路より出火、柳原土手まで焼失
◆正徳三（1713）年
十二月二十一日　護国寺音羽町出火
十二月二十二日　下谷より出火、本所へ飛び火、二百五十町焼失
◆正徳四（1714）年
一月十一日　牛込馬場先より出火

十一月二十五日　本所石原弁天前より出火

◆正徳五（1715）年

一月五日　亀井町より出火、浜町まで焼失

十一月二十三日　下谷藤堂家中屋敷より出火

十二月三十日　大名小路本多家より出火、八十四町焼失

◆享保元（1716）年

一月十日　小石川・四谷大火、内藤新宿全滅

一月十一日　下谷無明坂辺りより出火

一月十二日　本郷二丁目より出火

一月十五日　千住宿大火

一月十七日　築地・飯田町全滅

※この年は、二月初めまでに約七十件の火災が発生し、諸物価が高騰した。

ざっとこのような有様で、江戸の火事を整理するにはエクセル表が何枚も必要となるだろうから、以下省略とする。多くの人命も失われている火事を「以下省略」とは実に不謹慎なことだが、これが江戸の火事の実態なのである。

ここでは、正徳元年から享保元年までの六年間という一時期を採り上げているが、この頃、つまり、正徳から享保年間は放火が多かったことでも知られている。享保八（１７２３）年から十年までの三年間に捕縛（逮捕）された「火賊」（放火犯）は百二人もいたのである。「火賊」は「火罪」（火あぶりの刑）に処せられるのが当時の〝刑事罰〟であったが、放火は後を絶たなかった。犯人の多くは「非人小屋居候」と「無宿」で、両者で八十一人＝79パーセントを占めている。それは、都市化の進展とともに、村から都市へ流入してきた下層民社会の住民たちであったのだ。

享保二（１７１７）年、大岡忠相が町奉行に抜擢された。彼に期待されたことは、防火対策であった。

大岡は、享保五（１７２０）年、「いろは四十七組」の町火消を組織、本所・深川には別に十六組の火消組織を創り、町方が自主的に消火活動を行う体制を成立させた。これが、「いなせ」を売りにした江戸の火消の始まりである。その他にも大岡は、瓦屋根や土蔵造りを奨励、推進したり、強制移転も行っている。

それでも江戸は燃えた。

例えば、享保六（１７２１）年には二月、三月だけで四度の大火が発生しており、武家屋敷７３５７、町屋13万３７２０、寺社１２２７が焼失し、２１０７人もの死者を出している。

放火のことは別にして、江戸は何故これほど燃えたのか。

幾つかの理由が考えられるが、民家が密集している都市であったこと、風の強い土地であったこと、そして、木造建築が殆どであったことが、主たる理由として挙げられるだろう。

江戸の住まいは、極端にいえば木と紙でできている。木と紙でできた家は、石造り、レンガ造りに比べれば、当然燃え易い。

江戸社会は、木と紙の家しか作れないような貧困社会であったのか。或いは、技術的に木と紙の家しか作れなかったのか。

いずれも違う。先に触れた津波を防ぐ堤防と同じことなのだ。作れなかったのではなく、作らなかったのである。つまり、仰々しくいえば、自然災害に対する価値観、生きる上での価値観の問題なのだ。

もし、石造りの家屋にしていれば、地震の時にどれほどの被害を出すことだろうか。災害は火事や飢饉だけではない。この国でもっとも恐ろしい災害は、地震や津波、火山噴火なのだ。

石造りにすれば、火事には強いだろう。しかし、地震が発生すれば死亡率は確実に高まる。木と紙の家は、また建て直すにも石造りよりはるかに容易である。

木と紙の家は、確かによく燃える。しかし、何事も両方は成り立たないのだ。木と紙の家がまた作り易いのなら、火事で燃えればまた作ればいいのだ。石造りにして地震に遭えば、これはもう〝お陀仏〟である。

乱暴に言い切れば、これが江戸人の考え方であったといっていいだろう。

「洒落のめす」という言い方があった。

「叩きのめす」という時の「～のめす」と同じ「～のめす」である。徹底的に洒落尽くすというような意味になるだろうか。「江戸の粋」の究極のあり様、それが「洒落のめす」ことであったのだ。

焼け出されても、また焼け出されても「洒落のめす」……このメンタリティは、一種の諦観に裏打ちされているように思える。

大江戸御府内に生きて火事に遭うのは己の運命、益して地震、噴火、津波となれば、これはすべて天の営みである。江戸人は、そう考えた。

勿論、やれることはやる。人事は尽くす。しかし、その後は「天命」として受け容れるしかないではないか、というメンタリティである。このちっぽけな人間が、「天命」に抗うことなどできっこないと思っていたのだ。

第一、我々は日々、この天の恵みを受けているからこそ生きていられるのではないか。山へ入って落ちている小枝を頂戴すれば風呂は焚ける。湯に浸かって疲れをとって、また野良仕事に精を出せば、お天道様はちゃんと豊作にしてくださるではないか。水が足りなければ、それは雨乞いのお祈りをするしかなかろうという訳である。

この深い諦めを伴うとみられる江戸人の心情は、現代人からすればネガティブなものに映るだろうが、私はそんなに浅い諦観であるとは考えていない。

雨乞いにしても豊作祈願にしても、はたまた災害に際しての祈りにしても、神仏への祈りは「天命」を受け容れる一つの作法なのである。

災害の後は、失われた命の「供養」から始まる。「天命」を受け容れ、天への祈りとして「供養」を行って、心をリセットすることによってまた前を向くエネルギーを獲得するのだ。つまり、この心情を「諦め」とするならば、それは決して「諦め」という言葉から受けるネガティブなイメージに支配されたものではなく、天との一体感を確認して再出発する前向きな心情を表わしていると考えることができないだろうか。

大火すら「洒落のめす」のが究極の「江戸の粋」なら、お天道様と仲良くするのも喧嘩するのも「江戸の粋」であろう。江戸人は、お天道様と仲良くすることを選んで、地震に襲われても、津波に村をさらわれても、また今日も町が焼かれても、「供養」という「お天道様との会話」を済ませると、再び顔を上げて歩み出すという営みを繰り返したのである。

時にそれは、伊勢踊や「ええじゃないか」といった集団的オルギーとなって噴出したが、これも「世直り」を意識したものであることは間違いない。皆が前を向こうというエネルギーを自ら奮い立たせるために、一時的に日常を遮断して熱狂を演出しているとみることができるのである。

江戸の長屋（歌川豊国画『絵本時世粧』より　国立国会図書館蔵）

江戸っ子は「宵越しの金はもたねぇ」と粋がってはいたが、どうせまた焼け出されるのだ。蓄財したって、立派な調度を整えたって始まらないであろう。

落語に出てくる「八っつぁん、熊さん」を思い起こしていただきたい。彼らの住む長屋の住人は、簡素な、数少ない家具しか持っていなかった。食べるための幾つかの食器と寝るための布団・枕と出かける時履く雪駄と、手ぬぐい一本と火鉢一個と……その程度であった。お弔いの時に必要な羽織は大家さんに借りればいいといった具合である。

シンプルライフというには、余りにも簡素な家具調度……それすら多くはレンタルであった。意外に知られていないが、江戸御府内ではレンタル業が盛んであったのだ。

この長屋の江戸っ子の感覚は、江戸人全体を支配していた自然観にも繋がっている。

近年、「自然との共生」ということがさも進歩的であるかのように威張って語られるが、何と傲慢な思想であろうか。

自然と共生するということは、己と自然をイーブンの立場に、つまり、同等に置いていることを示している。これは、欧米人の狩猟民族ならではの考え方が多少進化したに過ぎない。

例えば彼らは、山に登ることを「山を征服する」という言い方をする。つまり、彼らにとって、自然とは「征服する」対象なのである。おこがましいにもほどがあるが、これは民族特性なのだ。彼らの歴史には、必ず自然界に生きる動物の「乱獲」ということが起こるのも、この延長線上にある必然なのである。

例えばクジラの乱獲も、イギリス人、アメリカ人の所業であり、これまで人類が行った捕鯨頭数の98～99パーセントは両国人が行ったものである。そういう自分たちのほんの百～二百年前の歴史を知らずに、彼らは今になって日本人の捕鯨を糾弾しているのだ。

改めて気づくことは、健康についての考え方から社会保障や軍事に対する考え方に至るまで、この自然観というものが反映されているということだ。過ぎ去った平成日本の観光業者が有難がっていた「世界遺産」も、彼ら欧米人の自然観から生まれた価値観によって「価値」があるかないかを判定されているだけなのである。

江戸人は、全く逆であった。

お天道様の「天命」には従う、お天道様と仲良くするという心情を支えにしている彼らは、自分たち人間そのものもお天道様が差配する大自然の一部に過ぎないことを知っていたのである。自然と自分たちが同等などと、つまり、「共生」するもの、できるものなどと微塵も考えたことはなかったのだ。だからこそ逆に、山々にも、小さな小川にも、時に荒れ狂う海にも、神々が宿っていると考えたのである。

繰り返すが、江戸人は、間違っても人間が大自然とイーブンの立場にいるなどという傲慢な考えをもったことはないのである。人間はあくまで自然の一部、お天道様の、神々の差配する中で日々の営みを授かっている存在に過ぎない。江戸人の「諦観」とは、こういう自然観に裏打ちされていることを知るべきであろう。

このことを理解しないと、江戸社会の「持続可能性」や「エネルギー循環システム」が理解できるはずはないのである。

私は、三陸沿岸に防潮堤を建造することに強靭に反対しているのではない。社会的コンセンサスが成立するならば、それでいいと考えている。

逆に、津波が襲って来れば高所に逃げ、ここまで来たという場所に犠牲者の名前を刻んだ石碑だけを建て、また沿岸へ戻って海の幸の恩恵を受けて生き、また津波が襲って来たら逃げる……そんなことを繰り返していた江戸人をバカにしてはいけないと言っているだけなのだ。

江戸の町では市民たちが、焼け出されても、また焼け出されても、同じようなささやかな木と紙の家を建て、「火事と喧嘩は江戸の華」などと「洒落のめして」粋がって生きていることを、幕府の無策などと断罪することも全く的外れなのだ。

江戸社会には、自然科学や芸術が高度に発達した側面があれば、「間引き」や「姥捨て」といった民俗ともいうべき、現代感覚では悲劇的な側面も存在する。西欧社会が行き詰まりに来た今、この「間引き」すら評価する欧米の科学者がいることもまた事実なのである。

諸々包含して、私は「世界は江戸へ向かっている」と言い続けてきた。これは、ひと言で表現すれば、江戸の価値観へ向かっているという意味に他ならない。

人間は、どこまでも自然の一部である。決して、自然と対峙できる資格をもった存在ではないのだ。従って「共生」などと傲慢なことをいっていると、必ず破滅に向かうことであろう。欧米人がこのことに気づくのに、あとどれほどの年月が必要なのであろうか。そして、愚かなことに、肝心の日本人が、江戸を土中に埋め去ってしまってこのことを忘れ去ってしまったのである。

高齢者が異常に増えれば社会はどうなるか。お天道様が、そんないびつな社会を創るはずがない。このように述べると、直ぐ高齢者福祉を否定しているのかという厳しい非難を受けてしまうだけである。

江戸人の価値観、この国の自然観を受け容れ、「順繰り」という伝統的な社会の通念に従った死生観について考えることは、決して福祉を否定するものではない。近年、「終活」が盛んになってきているのは、このことを真面目に考える芽が出てきているということではないだろうか。

自然観一つとっても、江戸のエキスは実に豊潤なヒントを含んでいるのである。

3 「足るを知る」精神が実現した持続可能性

既に述べたように、江戸時代は完全に国が閉ざされていた時代ではない。しかし、一種の閉鎖体制の社会であったことは事実である。誰もが自由に海外に行けた訳ではなく、「江戸四口」を通して外交（通信）・通商を行っていたに過ぎない。

しかし、閉鎖体制であったことでオリジナリティが生まれたり、或いは元々あったオリジナリティを更に色濃くした社会であった。

この国は島国で、他国からの侵攻を受け難い反面、国土の殆どが山地で江戸期の耕地面積は全体の二割程度であった。しかも地震や津波、噴火といった自然災害が絶えず発生したことは、述べてきた通りであった。そのため、何をするにつけても〝工夫〟が求められ、これが江戸期におけるオリジナリティの構築や醸成に繋がっていったとみることができるのだ。

江戸期のオリジナリティは、江戸人のライフスタイルや生き方そのものによく顕れている。そのライフスタイルこそが、持続可能な社会を実現させたのである。

『just enough：lessons in living green from traditional japan』の著者である金沢工業大学未来デザイン研究所所長のアズビー・ブラウン氏は、「持続可能な社会のエキスは、江戸期の農村社会にある」と指摘している。

江戸期の農村作業というものは基本的に太陽・風・水で成り立っており、環境に悪影響を及ぼす要因は殆ど何もなかった。私が生まれ育った琵琶湖畔の里山に「江戸」の名残りがあったことも先に述べたが、例えば、我が家では薪ではなく藁（わら）を使って風呂を焚いていた。藁は木材よりも頻繁にくべないといけないので、風呂焚きはなかなか大変な作業であったが、私の田舎では、風呂焚きは子供の仕事であった。

収穫後の稲の茎を乾燥させた藁はさまざまな形で再利用され、わらじや雨具（みの）、屋外用の前かけ、藁縄、むしろなどに再利用される。毎年豊富に手に入る資源であったから、それだけでは余るのだ。そこで捨てずに、風呂焚きの燃料などにしてムダなく使い切るのである。

また、捕鯨の先進国アメリカやイギリスは鯨油を求めて捕鯨を行っていたが、あの大きな図体から油だけを抽出し、残りは全部棄てていたのである。しかし、江戸人は鯨油・鯨肉はもちろん、皮やヒゲ、歯など、ありとあらゆる部位をさまざまな用途で利用していたのだ。

江戸人の「資源」に対する態度は、常に自然に対する感謝を伴う、宗教的、哲学的とも表現すべき自制的なものであった。

江戸人の捕鯨と似た例として、ロシアのシベリア北東に位置するチュクチ半島の端に住むチュクチ族のトナカイ生活が挙げられる。彼らはトナカイのソリに乗って北極圏を移動し、トナカイの肉を食べて生活している。時には、ソリとして使っていたトナカイも食用として利用するが、チュクチ族の人びとは食べる前に祈りを捧げ、血や歯、毛皮など、隅々に至るまで徹底的に活用するのだ。トナカイという恵みに感謝するとともに、自分たちが生存するための最小限のものしか食べないのである。

また、江戸の農村では水を利用する際も、動力を使わない。幾つかの溜池に水を溜め、そこから高低差を利用して順番に水田に流すのである。

このような灌漑システムが成り立ったのは、近世以前から我が国では緩やかな傾斜地が「安定した稲作が行える場所」と看做(みな)されていたからである。今では数が少なくなった棚田であるが、かつては当たり前のように存在していたのだ。私の故郷にあった水田も少しずつ段差があって、溜池からの水が自然の重力によって上段から下段へ限なく流れるようになっていたものである。余った水は元の水路に戻っていくが、その過程で汚泥や有機物が取り除かれ、綺麗な水が下流で再利用されるのである。

江戸の百姓は、自然の恵みである水さえもムダなく利用していたのだ。「すべてを使い切る」という思想と姿勢が、日々の生活の中にしっかりと根づいていたのである。これこそが、「もったいない」という精神の神髄なのである。

その他、落ち葉などの有機物を「刈敷」や腐葉土として利用していたこと、燃料は拾い集めた落木で賄っていたことなど、江戸人の実に緻密なライフスタイルが如何に「持続可能性」に直結していたかを、私たちはもっと知っておくべきであろう。

燃料ニーズを再生可能である落木によって満たしたということは、燃料のためには木を伐採せず、都市向け建材や炭の生産にそれを回したということなのだ。このことは、農村人口が環境圧迫の原因にならなかったということを意味している。

国土の僅か五分の一程度の耕作地で、当初1500万人を養っていた江戸社会は、二百年後には、環境を劣化させることなく二倍の3000万人を養うに至ったのである。ここに、持続可能な発展が見事に実現されている。幕府はそのために以下のような施策を主導した。

・森林破壊の停止
・農地改良による生産性の向上
・資源保護の努力
・健康の増進

先のアズビー・ブラウン氏は、これを現実に成し遂げたことは世界史に例がないと強調する。

そして、江戸の持続可能性を成立させたもっとも重要な要因として、私たちからすれば陳腐とも思えることを、更に強調して指摘している。

それは、江戸の人びとの「環境に対する精神的態度」であるとし、具体的には「足るを知る」という精神に他ならないと結論づけている。

「足るを知る」……この言葉で表わされる生きる姿勢の背景には、自然のメカニズムに対する理解、自然の本質的な限界に対する正しい認識が存在する。

近代日本人は、江戸人の生き方を過小評価している。或いは、全く理解していない。サスティナブルな社会の定義として「ハノーバーの法則」があるが、江戸社会は、人権を除いて殆どの定義を満たしているとされているのだ。そのような稀有なあり方で、国境を超えて環境に悪影響を及ぼすことなく、国家として自律的に機能し、安定した社会を二百五十年余りに亘って維持したのである。

明治以降の近代社会＝明治近代に生きる者で、持続可能な社会で暮らした経験をもっている者は誰もいない。私たちは、既に時間との戦いに敗れているのだ。私が訴える明治維新という「過ち」が、その主要な原因の一つなのである。

しかし、埋もれたものを掘り返し、そのエキスを抽出することはできるかも知れない。時間との戦いに敗れたとはいえ、今からでもひょっとしたらできるかも知れないことは、やるしかないのではないか。

日本人ではないアズビー・ブラウン氏の言葉を紹介して、ひとまず江戸を後にするが、この誇るべき江戸からどういうエキスを抽出すれば、次世代のグランドデザインが描けるのか、私は大きな宿題を背負って学び続けなければならないことを自覚している。

——江戸時代の日本人は実に賢明で美しいライフスタイルをもっていた。それを生んだ日本の伝統的な価値観や思考様式を理解することは、地球上のすべての人に大きな恩恵をもたらすにちがいない。江戸時代の日本人はすばらしい快挙をなし遂げ、それは世界を豊かにした。日本人はそのことを誇りに思うべきだ。――

あとがきに代えて　～「徳川近代」という時代の意義～

江戸時代を「近世」、明治以降今日までを「近代」とすることは、歴史学の常識として確立している。

私自身、これまでの著作においてこれに従い、併せて日本史を特徴づける「近世」の重要性についていてさまざまに述べてきた。

「ニューパラダイム派」と呼ばれる世界の経済学者たちが、この日本史特有の「近世」という時代区分を世界史にも設けるべきだと主張したのは、もう二十年前後も前のことになるだろうか。その後、このことが学会などの場でオーソライズされたのかどうかは浅学寡聞にして知らぬが、日本史における「近世」、即ち、江戸期という時代は、それほどインパクトをもっているということである。

江戸期全般の時代特性を表わすものとして、本文最後にアズビー・ブラウン氏の言葉を挙げたが、江戸期日本が如何に上質な社会であったか、庶民がどれほど幸せであったかについては、官軍史観（薩長史観）に染められ、一度マルクス主義史観にも毒されてしまった私たち日本人には、実は正当な評価ができないように思われる。

江戸末期から明治初期に多くの西欧人が来日し、長く滞日した者も少なからず存在するが、彼らも皆、異口同音に江戸期日本と日本人に対する尊敬、賞賛、愛情、評価の記録を多く残している。

このことについては、日本近代史家渡辺京二氏が『逝（ゆ）きし世の面影』（平凡社）で、徳川宗家十八代当主徳川恒孝氏が『江戸の遺伝子』（ＰＨＰ研究所）で細かく紹介、分析されているが、断片的ではあるが一部をご紹介しておきたい。

ロシア艦隊で来日した英国人ティリーは、「健康と満足は男女と子どもの顔に書いてある」と観察し、万延元（１８６０）年、通商条約締結のために来日したプロシャのオイレンブルク使節団は、その報告書に「どうみても彼らは健康で幸福な民族であり、外国人などいなくてもよいのかもしれない」と記録した。

また、オーストラリア、ジャワ、シャム、シナを歴訪して来日したリェドヴィク・ボーヴォワールは「日本はこの旅行全体を通じ、歩きまわった国の中で一番素晴しい」と感じ、それが美術でも演劇でも自然でもなく、市井の人びとが与えてくれるものであることを説く。

「顔つきはいきいきとして愛想よく、才走った風があり、これは最初のひと目でぴんと来た」と感嘆し、女性たちを「にこやかで小意気、陽気で桜色」と表現し、彼女たちの帯について「彼女たちをちょっときびきびした様子に見せて、なかなか好ましい」と好意を抱き、「地球上最も礼儀正しい民族」であると絶賛している。

更に、「西南の役」の翌年、明治十一（1878）年に来日し、東北地方の女性ひとり旅を敢行したことで知られる英国女性イザベラ・バードは、二人の馬子について「馬からおりるときやさしく支えてくれたり、のるときは背中を踏台にしてくれたり、赤い苺を手に一杯摘んで来てくれたりした」と感謝し、ヨーロッパではあることなのに、「一度たりと無礼な目に逢わなかったし、法外な料金をふっかけられたこともない」と述べている。

当時の日本人の優れた倫理観、清潔さ、陽気さ、親切、人なつっこさなどについて西欧人の証言を挙げればキリがない。

幕末から明治初期に限らず、もう少し時代の幅を拡げてみると、図らずも「鎖国」という言葉の生みの親となってしまったケンペルは、以下のように述べている。

――この国の民は習俗、道徳、技芸、立ち居振舞いの点で世界のどの国にも立ち勝り、国内交易は繁盛し、肥沃な田畑に恵まれ、頑健強壮な肉体と豪胆な気性を持ち、生活必需品は有り余る程に豊富であり、国内には不断の平和が続き、かくて世界でも稀に見る程の幸福な国民である――

近代日本の幕を開けたとされてきた明治新政権は、このように豊潤な前時代＝江戸時代を全否定した。相対する存在を全否定しなければ成立しない権力組織とは、明らかな欠陥を抱えていることを自ら証明しているに他ならない。

このようにオリジナルな民俗を育み、ひたすら平和を享受してきた江戸という時代も、その中頃から外圧を受け始め、天保年間以降は西欧列強の動向を強く意識せざるを得なくなった。この、列強の外圧＝国際情勢に徳川幕府が国家の生存を賭けて対応した時代を、私は「徳川近代」と呼んでいる。

「徳川近代」という勝手な〝造語〟を掲げることは、何も時代区分の呼称について何らかの提言を試みるものではない。この呼称を存在させることは、我が国に実質的な「近代」という時代をもたらしたのは、私たちが江戸時代と呼んでいる時代の政権、即ち、徳川政権であったという歴史事実を述べることになるのだ。

尤も、徳川政権の治世は二百七十年近くに及び、その安定して平和な時代の日々を積み重ねた長さは、現代の超大国アメリカ合衆国建国以来の歴史に匹敵する。更に、薩摩・長州の書いた官軍正史を盲目的に信じている多くの現代日本人の歴史認識では明治新政権発足以降を「近代」としており、それに従えば、我が国の「近代」とはたかだか百五十年に過ぎず、言い方を換えれば、それは江戸期のようやく半分強にしか過ぎないのである。

勿論、私は、「近世」と呼ばれてきた江戸期全体を「近代」と呼称すべきだと主張する心算（つもり）はない。近世だ、近代だという時代区分の呼び方の是非やその修正を提言しようとするなら、近世や近代の定義を明確にしなければならない。

そもそも明治以降を近代社会と位置づけてきた私たちは、その位置づけに際して何を基準としてきたか。近代の定義について社会的なコンセンサスを成立させて、それを行ってきたか。学者の論文の世界を別にして、そのような事実はないのだ。

要するに、私たちが基準としてきたもの、要件としてきたものは、西欧列強が実現した機械化、工業化という自然科学上の指標のみであったのではないか。いや、自由民権という概念があった、立憲制という概念もあったという反論があるかも知れない。しかし、断定的に言うが、それらは付随的なものであって決して主軸ではなかったはずである。

自由民権ということについては、むしろ大きな誤解がある。

「西南の役」を経て後盛んとなった明治の自由民権運動とは、薩摩閥、長州閥によって確立した「藩閥政府」に対する、政争に敗れた土佐閥を中心とする勢力の反政府運動であった。決して、純粋な思想上の目覚めによって巻き起こった運動ではなく、武力による抵抗の不可能を悟った反薩長勢力が「自由民権」というスローガンを掲げて薩長の「有司専制」に抵抗の姿勢を示した、どこまでも新政権に対する抵抗運動に過ぎないのだ。従って、この運動もまた、政争の一種と理解すべきものである。

「明治六年政変」によって西郷隆盛、板垣退助たちが下野して後、各地の不平士族に反乱の機運が盛り上がり、その一部が実際に武力蜂起したことは周知の通りである。その最後の大反乱が「西南の役」であると位置づけることができるだろう。

自由民権運動は、武力蜂起して敗れた不平士族が核となった、一種の政争としての反政府運動であったとはいうものの、勿論本来の意味での自由民権を目指した動きがなかった訳ではない。

例えば、一般の理解を超えているかも知れないが、「西南の役」にはあの宮崎八郎が参戦しているのだ。勿論、薩軍として、である。

蛇足と知りつつ、念のため略述しておくと、宮崎八郎とは肥後荒尾村の郷士宮崎家の次男で、中江兆民の影響を強く受けた自由民権主義の先駆者である。弟の宮崎民蔵、弥蔵、寅蔵は兄八郎の影響を受けてアジア革命、民権運動に身を投じ、宮崎三兄弟と称された。寅蔵とは、宮崎滔天（とうてん）のことであり、孫文の「辛亥（しんがい）革命」を支援した宮崎滔天といえば、中学生でもその名ぐらいは知っているだろう。

かつては、自由民権といえば、かの二本松・会津を蹂躙した板垣退助を筆頭とする土佐人たちの運動のことを指していたが、繰り返すが、板垣たちの自由民権とは、建前としての表看板に過ぎず、実態は長州・薩摩閥に政権を牛耳られた土佐勢力の政権に対する反抗であった。平たくいえば「幕末時の協力を忘れたか！　自分たちにも分け前を寄こせ」という俗っぽい政争に過ぎないのである。

宮崎八郎の説く自由民権は、そういう板垣たちの紛いものとは根が全く違う。彼は、純粋に自由な社会と人民による議会政治が実現することを西郷に賭けた。唯その一点において、肥後の民権家たちを組織して「熊本協同隊」を結成し、隊長として薩軍に身を投じたのである。桐野利秋隊に合流した宮崎は、熊本県八代市萩原堤辺りの戦闘で戦死した。誠に残念なことではあるが。宮崎八郎は西郷という人物を見誤っていたと言わざるを得ない。

結局、「明治近代」を画期的に特徴づける表向きの要因として、身分制の否定を含む自由民権といった近代社会の要件と考えられている概念の成立を目指したなどという社会的ムーブメントは、存在しなかったのである。私たちは、あくまで工業化、機械化という側面で時代を区切っているのだ。「富国強兵」「殖産興業」という政治スローガンが、端的にそのことを物語っている。

工業化、機械化ということが「大量規格生産」へと発展するには、封建的身分制の消滅やいわゆる市民社会の成立が背景として不可欠になるのである。分かり易くいえば、国民社会、市民社会の成立そのものやそれを支える諸概念は、並行して、或いは後からくっついてくるということなのだ。

私は、明治維新が「国民」を創ったとする司馬遼太郎氏の麗しい誤解を機会ある毎に否定してきた。司馬氏の誤解は、討幕勢力が何らかの理念をもち、それによって討幕という政治行動を遂行したことを前提としているから起きることであって、実はこの前提が間違っているのだ。明治維新という一連の軍事クーデターとそれに伴う混乱の末に生まれた「明治近代」という時代の初期に創られたものは、「国民」ではなく「皇民」である。このことを歴史認識として明確にすることなく放置しておいたからこそ、今日に至るまでの「明治近代」という時代の政治的貧困を今だに克服できないのではないか。

私たちは、「富国強兵」や「殖産興業」という国策を、「明治近代」を担うこととなった明治新政府の輝かしい国是として教え込まれてきた。確かに、工業化、機械化という側面で西欧文明の優位を認め、それを徹底的に模倣しようとした明治新政府というものを理解するには、この教えは間違いではない。そして、このことに拠って立ち明治以降を我が国の「近代」としてきたことも、一般認識としては否定できないであろう。

ところが、「富国強兵」や「殖産興業」という〝近代化政策〟を推し進めたのは末期の徳川政権なのだ。明治新政府は、徳川政権によって既に敷かれていたそのレールの上を、討ち果たした徳川政権に代わって走り出しただけに過ぎない。更に、旧幕臣が伴走することによって走れたという事実も、明治新政府の「近代化」施策の実態として指摘しておかなければならない。

つまり、「近代化」ということをほぼ物質文明の側面に限って観察すれば、明治の近代化とは徳川の近代化方針や施策がなければ成立していなかったということなのだ。

時代の過渡期にはこのような現象があって当然だ、前時代に新時代の萌芽が生まれているのは当たり前だという反論が必ず出るだろう。ところが、ここで述べている徳川の近代化方針や施策というものは、そのような一般論の域を遥かに超えているのだ。

即ち、徳川末期に「徳川近代」という時代が現出し、その近代化の方向がそのまま明治新政府の走るレールとなったことを明らかにすると、明治維新という出来事の検証も、明治の近代化の実態も、雲が晴れるようにかなり鮮明になってくるのである。幕府海軍の存在なくして明治近代の聯合艦隊は存在せず、米軍ブルック大尉とともに咸臨丸で太平洋を横断した元笠間藩士小野友五郎による鉄道網の青写真なくして今日の新幹線網は考え難いのだ。

徳川政権末期の「徳川近代」という時代の存在は、明治新政権が政治的に江戸期を全否定することによって埋め去られてしまっていた感がある。この「徳川近代」を掘り起こすことは、江戸のエキスを掘り起こすことでもあり、これによって、我が国の近代化のスタートが鮮明に浮かび上がるのである。

明治維新三部作によって、既に明治維新という出来事が、想定された社会の変化に照らして民族としての大きな過ちであったことを確信している私としては、「徳川近代」と「明治近代」を今更比較しようとする心算はない。ただ、江戸の真の姿を知り、「徳川近代」の存在を理解すれば、明治維新という出来事が過ちであったことは容易に納得できるであろう。

実はそのことよりも、「徳川近代」を担い、支えた先人の存在を埋め去られたままに放置しておくことは、歴史を検証する上ではできないのである。彼らもまた、長い時間軸を引いて検証しようとしている今、その時間軸の上に登場すべき存在なのだ。林復斎、岩瀬忠震（ただなり）、水野忠徳（ただのり）、川路聖謨（としあきら）、小栗忠順（ただまさ）、竹内保徳（やすのり）、栗本鋤雲（じょうん）、木村喜毅（よしたけ）、小野友五郎、柴田剛中（たけなか）、田辺太一（やすかず）等々、「徳川近代」を支えた人材は実に豊富であるが、その殆どは薩摩・長州政権によって土中深く埋め去られ、抹殺されているといってもいい。私たちが慣れ親しんできた官軍正史では、西郷隆盛、木戸孝允、大久保利通を「維新の三傑」と称しているが、先の面々の中にこの三人を並べてみると、その政治・外交的識見という面でどうしても見劣りするのは、明治維新という出来事の性格からして仕方のないことであろう。

「明治（維新）百五十年」を強くアピールすることに躍起となってきた現政権は、その記念イベントや祝典の実施・開催状況を全国の自治体に逐一報告させることによって何とかこれを盛り上げようとした。そういう中で、２０１８年のフランス独立記念日のパレードに、初めて自衛隊が招待され、陸上自衛隊員七名がパレードの先頭を行進した。これは、日仏両国が外交関係をもって百六十年になることを名目としたもの

フランス独立記念日パレードで行進する陸上自衛隊員（2018年／提供:毎日新聞社）

である。

明治百五十年と日仏修好百六十年。身近なところに「徳川近代」を考える素材が存在するのである。

戊辰戦争最後の戦いとされる箱館戦争において、実際の戦闘を指揮したのは誰であったか。それは、新撰組副長として知られる土方歳三であり、元幕府歩兵奉行大鳥圭介、そして、フランス軍伝習教官ブリューネ大尉以下十名とされるフランス軍士官・下士官である。

あの新撰組鬼の副長といわれた土方歳三とフランス軍士官たちが、日章旗を押し立てる幕府伝習部隊を率いて、菊花旗を掲げる明治新政府軍と戦ったのである。この構図や意味は、官軍正史を読んでも全く分からないであろう。小栗上野介忠順を筆頭とする、阿部正弘政権、堀田正睦（まさよし）政権を支えた、殆ど近代人といってもいい開明派幕臣官僚が成立させた「徳川近代」という時代に立ち入らなければ理解できないのである。

江戸社会は、実に上質であった。その仕組みや、政権を支えた精神は、国際的にみても一流であったと評価できるものである。そこで完成した文化や価値観を拠り所として国際舞台に乗り出した「徳川近代」こそ、日本の夜明けとも形容すべき、今日の近代性に直結する時代であったのだ。

はっきりしていることは、江戸の「徳川近代」があと十年続いていれば、我が国に国粋主義軍国国家は生まれなかったということである。

主な参考引用文献・資料（順不同）

遠い崖―アーネスト・サトウ日記抄 外国交際　萩原延壽（朝日新聞出版）
遠い崖―アーネスト・サトウ日記抄 大政奉還　萩原延壽（朝日新聞出版）
英国外交官の見た幕末維新　A・B・ミットフォード　長岡祥三訳（講談社学術文庫 講談社）
ベルツの日記　改訳版（上・下）　エルウィン・ベルツ　菅沼竜太郎訳（岩波文庫 岩波書店）
日本奥地紀行　イザベラ・バード　高梨健吉訳（平凡社）
日本人と参勤交代　コンスタンチン・ヴァポリス　小島康敬訳（柏書房）
大君の都（上・中・下）　ラザフォード・オールコック　山口光朔訳（岩波文庫 岩波書店）
日本人はどのように森をつくってきたのか　コンラッド・タットマン　熊崎実訳（築地書館）

「鎖国」という外交　ロナルド・トビ（小学館）
江戸に学ぶエコ生活術　アズビー・ブラウン　幾島幸子訳
（阪急コミュニケーションズ）
日本滞在記（上）　タウンゼント・ハリス　坂田精一訳
（岩波文庫 岩波書店）
スイス領事の見た幕末日本　ルドルフ・リンダウ　森本英夫訳
（新人物往来社）
海国日本の夜明け　ファビウス
オランダ海軍ファビウス駐留日誌　フォス美弥子編訳（思文閣出版）
幕末外交談　田辺太一（東洋文庫 平凡社）
福澤諭吉著作集　西洋事情　福澤諭吉（慶應義塾大学出版会）
幕末の江戸風俗　塚原渋柿園（岩波文庫 岩波書店）
新版　斷腸亭日乗　第一巻　永井荷風（岩波書店）
逝きし世の面影　渡辺京二（平凡社）
裏社会の日本史　フィリップ・ポンス　安永愛訳
（ちくま学芸文庫 筑摩書房）

オランダ風説書と近世日本　松方冬子（東京大学出版会）
オランダ風説書　松方冬子（中公新書　中央公論新社）
「鎖国」という言説　大島明秀（ミネルヴァ書房）
墨夷応接録　江戸幕府とペリー艦隊の開国交渉　森田健司編訳（作品社）
明治という国家（上・下）　司馬遼太郎（日本放送出版協会）
昭和という国家　司馬遼太郎（日本放送出版協会）
この国のかたち（一・三）　司馬遼太郎（文藝春秋）
小栗上野介忠順と幕末維新　高橋敏（岩波書店）
小栗上野介　忘れられた悲劇の幕臣　村上泰賢（平凡社新書　平凡社）
飢餓と戦争の戦国を行く　藤木久志（朝日選書　朝日新聞出版）
新版　雑兵たちの戦場　藤木久志（朝日選書　朝日新聞出版）
百姓から見た戦国大名　黒田基樹（ちくま新書　筑摩書房）
戦国の合戦　小和田哲男（学研新書　学習研究社）
戦国合戦の舞台裏　盛本昌広（歴史新書　洋泉社）
黒船以降　政治家と官僚の条件　山内昌之・中村彰彦（中央公論新社）
黒船以前　パックス・トクガワーナの時代　山内昌之・中村彰彦（中央公論新社）

幕末維新消された歴史　安藤優一郎（日本経済新聞出版社）
幕末維新史の定説を斬る　中村彰彦（講談社）
坂の上の雲（一・二）　司馬遼太郎（文藝春秋）
塩の道　宮本常一（講談社学術文庫　講談社）
江戸の遺伝子　徳川恒孝（ＰＨＰ研究所）
徳川社会の底力　山﨑善弘（柏書房）
博徒の幕末維新　高橋敏（ちくま新書　筑摩書房）
江戸と幕末　冨成博（新人物文庫　新人物往来社）
逆賊と元勲の明治　鳥海靖（講談社学術文庫　講談社）
幕末の武士道　「開国」に問う　小池喜明（敬文舎）
武士道の逆襲　菅野覚明（講談社現代新書　講談社）
江戸の災害史　徳川日本の経験に学ぶ　倉地克直（中公新書　中央公論新社）
地震の社会史　安政大地震と民衆　北原糸子（吉川弘文館）
近世の飢饉　菊池勇夫（吉川弘文館）
徳川の国家デザイン　水本邦彦（小学館）
文明としての江戸システム　鬼頭宏（講談社）

江戸の平和力 戦争をしなかった江戸の250年　高橋敏（敬文舎）
江戸の糞尿学　永井義男（作品社）
歴史人口学で読む江戸日本　浜野潔（吉川弘文館）
江戸の捨て子たち その肖像　沢山美果子（吉川弘文館）
江戸の乳と子ども いのちをつなぐ　沢山美果子（吉川弘文館）
江戸のパスポート 旅の不安はどう解消されたか　柴田純（吉川弘文館）
江戸の海外情報ネットワーク　岩下哲典（吉川弘文館）
江戸上水道の歴史　伊藤好一（吉川弘文館）
文明開化 失われた風俗　百瀬響（吉川弘文館）
馬と人の江戸時代　兼平賢治（吉川弘文館）
夏が来なかった時代　桜井邦朋（吉川弘文館）
アウトロー 近世遊侠列伝　高橋敏（敬文舎）
江戸暮らしの内側　森田健司（中公新書ラクレ 中央公論新社）

「徳川の平和」を考える　落合功（日本経済評論社）
追跡　一枚の幕末写真　鈴木明（集英社文庫　集英社）
会津人群像　No.28・No.33　歴史春秋社
経済倶楽部講演録　２０１８・５　東洋経済新報社

本書は二〇一六年一二月にダイヤモンド社より刊行された『三流の維新 一流の江戸――「官賊」薩長も知らなかった驚きの「江戸システム」』を改訂増補し、文庫化したものです。

|著者|原田伊織　作家。京都市生まれ。大阪外国語大学卒。広告代理店でマーケティング・プランニングや番組企画などに携わる。2005年『夏が逝く瞬間』（河出書房新社）で作家デビュー。『明治維新という過ち　日本を滅ぼした吉田松陰と長州テロリスト』（毎日ワンズ・講談社）が歴史書としては異例の大ヒット作となり、「明治維新論争」に火をつけた。主な著書に『続・明治維新という過ち　列強の侵略を防いだ幕臣たち』『明治維新という過ち・完結編　虚像の西郷隆盛 虚構の明治150年』（ともに講談社）、『官賊に恭順せず 新撰組土方歳三という生き方』（KADOKAWA）、『明治維新 司馬史観という過ち』（悟空出版）、『日本人が知らされてこなかった「江戸」』（SBクリエイティブ）、『消された「徳川近代」明治日本の欺瞞』（小学館）などがある。

三流の維新 一流の江戸
～明治は「徳川近代」の模倣に過ぎない～

原田伊織

講談社文庫
定価はカバーに
表示してあります

2019年５月15日第１刷発行

発行者――渡瀬昌彦
発行所――株式会社　講談社
東京都文京区音羽2-12-21　〒112-8001
電話　出版（03）5395-3510
　　　販売（03）5395-5817
　　　業務（03）5395-3615

Printed in Japan

進行――板木洋香（Jプロジェクト）
デザイン――林紗也子（Jプロジェクト）
本文データ制作――若松麻子（Jプロジェクト）
印刷――豊国印刷株式会社
製本――株式会社国宝社

ISBN978-4-06-515558-5

講談社文庫刊行の辞

二十一世紀の到来を目睫に望みながら、われわれはいま、人類史上かつて例を見ない巨大な転換期をむかえようとしている。

世界も、日本も、激動の予兆に対する期待とおののきを内に蔵して、未知の時代に歩み入ろうとしている。このときにあたり、創業の人野間清治の「ナショナル・エデュケイター」への志を現代に甦らせようと意図して、われわれはここに古今の文芸作品はいうまでもなく、ひろく人文・社会・自然の諸科学から東西の名著を網羅する、新しい綜合文庫の発刊を決意した。

激動の転換期はまた断絶の時代である。われわれは戦後二十五年間の出版文化のありかたへの深い反省をこめて、この断絶の時代にあえて人間的な持続を求めようとする。いたずらに浮薄な商業主義のあだ花を追い求めることなく、長期にわたって良書に生命をあたえようとつとめるところにしか、今後の出版文化の真の繁栄はあり得ないと信じるからである。

同時にわれわれはこの綜合文庫の刊行を通じて、人文・社会・自然の諸科学が、結局人間の学にほかならないことを立証しようと願っている。かつて知識とは、「汝自身を知る」ことにつきていた。現代社会の瑣末な情報の氾濫のなかから、力強い知識の源泉を掘り起し、技術文明のただなかに、生きた人間の姿を復活させること。それこそわれわれの切なる希求である。

われわれは権威に盲従せず、俗流に媚びることなく、渾然一体となって日本の「草の根」をかたちづくる若く新しい世代の人々に、心をこめてこの新しい綜合文庫をおくり届けたい。それは知識の泉であるとともに感受性のふるさとであり、もっとも有機的に組織され、社会に開かれた万人のための大学をめざしている。大方の支援と協力を衷心より切望してやまない。

一九七一年七月

野間省一

講談社文庫 最新刊

塩田武士
罪の声
昭和最大の未解決事件を圧倒的な取材で描いた大ベストセラー！ 山田風太郎賞受賞作。

上田秀人
竜は動かず 奥羽越列藩同盟顛末
〈(上)万里波濤編 (下)帰郷奔走編〉
仙台の下級藩士に生まれ、世界を知った玉虫左太夫(さだゆう)は、奥州を一つにするため奔走する！

森博嗣
χ(カイ)の悲劇
〈THE TRAGEDY OF χ〉
トラムに乗り合わせた〝探偵〟と殺人者。Gシリーズ転換点となる決定的作品。後期三部作、開幕！

江波戸哲夫
新装版 **ジャパン・プライド**
リーマン・ショックに揺れるメガバンク。生き残りをかけた新時代の銀行員たちの誇り！

江波戸哲夫
起業の星
リストラに遭った父と会社に見切りをつけた息子。経験か才覚か……父と子の起業物語。

藤井邦夫
三つの顔
〈大江戸閻魔帳(えんまちょう)(二)〉
若き戯作者(げさくしゃ)・閻魔堂赤鬼こと青山麟太郎は、ひょうひょうと事件を追う。〈文庫書下ろし〉

梶永正史
銃の啼(な)き声
〈潔癖刑事・田島慎吾〉
その事故は事件ではないのか？ 潔癖刑事と天然刑事がコンビを組んだリアル刑事ドラマ。

原田伊織
三流の維新 一流の江戸
〈明治は「徳川近代」の模倣に過ぎない〉
〝令和〟の正しき方向とは？ 未来へ続くグランドデザインのモデルは徳川・江戸にある。

柴崎竜人
三軒茶屋星座館 4
〈秋のアンドロメダ〉
〝三茶のプラネタリウム〟が未来への希望を繋ぐ。「星と家族の人生讃歌物語」遂に完結！

講談社文庫 最新刊

海堂尊　黄金地球儀2013

1億円、欲しくないか？　桜宮の町工場の息子に悪友が持ちかけた一世一代の計画とは。

藤田宜永　血の弔旗

重罪を犯し、大金を手にした男たち。昭和の時代と風俗を活写した不朽のサスペンス巨編。

石川智健　第三者隠蔽機関

警察の不祥事を巡って、アメリカ系諜報企業と日の丸監察官がバトル。ニューウェーブ警察小説！

石田衣良　逆島断雄〈本土最終防衛決戦編2〉

いよいよ上陸を開始した敵の大軍。祖国防衛か植民地化か。「須佐乃男」作戦の真価が問われる！

古野まほろ　陰陽少女

この少女、無敵！　陰陽で知り、論理で解決。オカルト×ミステリーの新常識、誕生。

瀧羽麻子　サンティアゴの東 渋谷の西

仕事の悩み、結婚への不安、家族の葛藤。小さな出会いが人生を変える六つの短編小説。

吉川永青　化け札

戦国時代、「表裏比興の者」と秀吉が評し、家康が最も畏れた化け札、真田昌幸の物語。

西村賢太　藤澤清造追影

藤澤清造生誕130年——二人の私小説作家、二つの時代、人生を横断し交感する魂の記録。

福井晴敏 川の深さは
福井晴敏 終戦のローレライ I〜IV
福井晴敏 6ステイン
福井晴敏 平成関東大震災〈いつか来るとは知っていたが今日来るとは思わなかった〉
福井晴敏 人類資金 1〜7
福井晴敏 限定版 人類資金 7
福井晴敏作 霜月かよ子画 C-blossom〈case729〉
藤原緋沙子 遠花火〈見届け人秋月伊織事件帖〉
藤原緋沙子 春疾風〈見届け人秋月伊織事件帖〉
藤原緋沙子 暖鳥〈見届け人秋月伊織事件帖〉
藤原緋沙子 霧の路〈見届け人秋月伊織事件帖〉
藤原緋沙子 鳴子守〈見届け人秋月伊織事件帖〉
藤原緋沙子 夏ほたる〈見届け人秋月伊織事件帖〉
藤原緋沙子 笛吹川〈見届け人秋月伊織事件帖〉
藤原緋沙子 青嵐〈見届け人秋月伊織事件帖〉
椹野道流 禅定の弓〈鬼籍通覧〉
椹野道流 亡羊の嘆〈鬼籍通覧〉
福田和也 悪女の美食術
深水黎一郎 トスカの接吻〈オペラ・ミステリオーザ〉
深水黎一郎 ジークフリートの剣
深水黎一郎 言霊たちの反乱
深水黎一郎 世界で一つだけの殺し方
深水黎一郎 ミステリー・アリーナ
深水黎一郎 倒叙の四季〈破られた完全犯罪〉
深見真 硝煙の向こう側に彼女〈武装強行犯捜査・塚田志士子〉
深町秋生 ダウン・バイ・ロー
古市憲寿 働き方は「自分」で決める
船瀬俊介 かんたん「1日1食」!!〈万病が治る! 20歳若返る!〉
二上剛 黒薔薇 刑事課強行犯係 神木恭子
二上剛 ダーク・リバー〈暴力犯係長 葛城みずき〉
藤野可織 おはなしして子ちゃん
古野まほろ 身元不明〈特殊殺人対策官 箱崎ひかり〉
藤崎翔 時間を止めてみたんだが
藤井邦夫 大江戸閻魔帳
辺見庸 抵抗論
星新一 エヌ氏の遊園地
星新一編 ショートショートの広場 ①〜⑨
本田靖春 不当逮捕
保阪正康 昭和史七つの謎
保阪正康 昭和史七つの謎 Part2
保阪正康 天皇〈「君主」の父、「民主」の子〉
保坂和志 未明の闘争(上)(下)
堀江敏幸 熊の敷石
堀江敏幸 燃焼のための習作
本格ミステリ作家クラブ編 珍しい物語のつくり方〈本格短編ベスト・セレクション〉
本格ミステリ作家クラブ編 法廷ジャックの心理学〈本格短編ベスト・セレクション〉
本格ミステリ作家クラブ編 凍れる女神の秘密〈本格短編ベスト・セレクション〉
本格ミステリ作家クラブ編 からくり伝言少女〈本格短編ベスト・セレクション〉
本格ミステリ作家クラブ編 探偵の殺される夜〈本格短編ベスト・セレクション〉
本格ミステリ作家クラブ編 墓守刑事の昔語り〈本格短編ベスト・セレクション〉
本格ミステリ作家クラブ編 子ども狼ゼミナール〈本格短編ベスト・セレクション〉
本格ミステリ作家クラブ編 ベスト本格ミステリTOP5〈短編傑作選001〉
本格ミステリ作家クラブ編 ベスト本格ミステリTOP5〈短編傑作選002〉
星野智幸 毒身
星野智幸 われら猫の子
星野智幸 夜は終わらない(上)(下)
本田靖春 我、拗ね者として生涯を閉ず(上)(下)

本城英明　警察庁広域特捜官　梶山俊介〈広島・尾道「刑事殺し」〉
堀田純司　スゴい雑誌〈「業界誌」の底知れない魅力〉
堀田純司　僕とツンデレとハイデガー〈ヴェルシオン アドレサンス〉
本多孝好　チェーン・ポイズン
本多孝好　君の隣に
穂村　弘　整形前夜
穂村　弘　ぼくの短歌ノート
堀川アサコ　幻想郵便局
堀川アサコ　幻想映画館
堀川アサコ　幻想日記店
堀川アサコ　幻想探偵社
堀川アサコ　幻想温泉郷
堀川アサコ　幻想短編集
堀川アサコ　大奥の座敷童子
堀川アサコ　おちゃっぴい〈大江戸八百八〉
堀川アサコ　月下におくる(上)(下)〈沖田総司青春録〉
堀川アサコ　芳一
堀川アサコ　月夜彦
本城雅人　境界〈横浜中華街・潜伏捜査〉

本城雅人　スカウト・デイズ
本城雅人　スカウト・バトル
本城雅人　嗤うエース
本城雅人　贅沢のススメ
本城雅人　誉れ高き勇敢なブルーよ
本城雅人　シューメーカーの足音
本城雅人　ミッドナイト・ジャーナル
堀川惠子　裁かれた命〈死刑囚から届いた手紙〉
堀川惠子　死刑の基準〈「永山裁判」が遺したもの〉
堀川惠子　永山則夫〈封印された鑑定記録〉
堀川惠子　教誨師
堀川惠子・小笠原信之　チンチン電車と女学生〈1945年8月6日・ヒロシマ〉
ほしおさなえ　空き家課まぼろし譚
誉田哲也　Qrosの女
松本清張　草の陰刻
松本清張　黄色い風土
松本清張　黒い樹海
松本清張　連環
松本清張　花氷

松本清張　ガラスの城
松本清張　殺人行おくのほそ道(上)(下)
松本清張　塗られた本
松本清張　熱い絹(上)(下)
松本清張　邪馬台国　清張通史①
松本清張　空白の世紀　清張通史②
松本清張　カミと青銅の迷路　清張通史③
松本清張　天皇と豪族　清張通史④
松本清張　壬申の乱　清張通史⑤
松本清張　古代の終焉　清張通史⑥
松本清張　新装版 増上寺刃傷
松本清張　新装版 紅刷り江戸噂〈レジェンド歴史時代小説〉
松本清張　大奥婦女記
松本清張他　日本史七つの謎
松谷みよ子　ちいさいモモちゃん
松谷みよ子　モモちゃんとアカネちゃん
松谷みよ子　アカネちゃんの涙の海
眉村　卓　ねらわれた学園
眉村　卓　なぞの転校生

2019年3月15日現在